Quédate quieto

Brian Heasley

Quédate quieto

Una guía práctica y sencilla para tu tiempo devocional

ORACIÓN 24-7

NavPress®

Publicado en alianza con Tyndale House Publishers

NavPress
Audacia. Amor. Sensatez.

NavPress.com

Quédate quieto: Una guía práctica y sencilla para tu tiempo devocional

Un recurso de NavPress publicado por Tyndale House Publishers

Traducción al español: Katherine Collie para AdrianaPowellTraducciones

Edición en español: María Sol Romera para AdrianaPowellTraducciones

Para información acerca de descuentos especiales para compras al por mayor, por favor contacte a Tyndale House Publishers a través de espanol@tyndale.com.

ISBN 979-8-4005-0580-5

Impreso en Estados Unidos de América
Printed in the United States of America

31 30 29 28 27 26 25
7 6 5 4 3 2 1

Me gustaría dedicar este libro a mi padre, Billy Heasley, cuya vida de oración, perseverancia y disciplina ha sido una inspiración para mí.

Romanos 8:28

Contenido

Prólogo

Pete Greig, Oración 24-7

Nunca cambiarás tu vida hasta que cambies algo que haces todos los días. El secreto de tu éxito se encuentra en tu rutina diaria.

JOHN MAXWELL

Creo que este libro va a ser de enorme importancia en tu vida por dos razones: primero, te *inspirará* a cultivar un encuentro diario más profundo con Dios. Segundo, te *capacitará* de forma sencilla y práctica para hacerlo. Si John Maxwell tiene algo de razón y nuestros destinos e identidades en realidad están determinados por los detalles de nuestras rutinas diarias, nada podría ser más transformador que el hábito sagrado de un tiempo devocional diario. De veras, podría ser tan importante como eso.

Brian Heasley y yo somos amigos íntimos. Hemos viajado juntos por el mundo y pasamos la mayor parte de nuestra vida adulta sirviendo al Señor lado a lado. Nos reímos mucho, discutimos, nos disculpamos, nos embarcamos en aventuras, lloramos, y por supuesto, oramos juntos. Relaté parte de la asombrosa historia de Brian en un libro llamado *Dirty Glory* (Gloria sucia), pero en este libro, él comparte el verdadero secreto de su vida, la clave de su ministerio, el corazón y el alma de su fe. Lo mejor de todo es que nos enseña cómo hacer lo mismo.

Unas semanas atrás, me hospedé en la casa de Brian y vi la silla descrita en este libro, que es su lugar de encuentro diario con el Señor. Él suele despertarse antes que yo, por lo que a menudo bajo de mi alcoba por la mañana, dondequiera que estemos: en la isla mediterránea de Ibiza, en lo alto de las Montañas Rocosas, incluso en el Castillo de Windsor, y encuentro a Brian sentado tranquilamente con su Biblia y una taza de café, pasando tiempo a solas con su Señor. A veces me llama durante el día desde lejos para preguntarme sobre algún detalle de mi vida, o para compartirme algo que ha sentido de parte del Señor, y yo sé que es porque ese día ha estado orando por mí. De vez en cuando, le he pedido sin previo aviso que comparta una reflexión devocional en una reunión de personal o en un retiro de líderes, y Brian siempre, sin falta, tiene algo revelador que decir, de seguro extraído de su tiempo devocional de esa mañana.

Henri Nouwen, el sacerdote holandés que intercambió cátedras en Harvard y Yale para vivir dentro de una comunidad de adultos con discapacidades mentales, escribió:

> De hecho, tenemos que crear nuestro propio desierto al cual podamos retirarnos cada día, despojarnos de nuestras compulsiones y morar en la tierna y sanadora presencia de nuestro Señor. Sin un desierto así, perderemos nuestra alma aun mientras prediquemos el evangelio a otros, pero si tenemos esa morada espiritual, nos amoldaremos cada vez más a aquel en cuyo nombre ministramos[1].

Brian es alguien que aprendió a «crear [su] propio desierto», y es en ese espacio que se ha amoldado cada día un poco más a la semejanza de Jesús. Una de las cosas que más aprecio de este libro es que no tiene ningún indicio de legalismo o culpa. Me sentí entusiasmado por el ejemplo de Brian y equipado por sus ideas, sin ninguna insinuación del pesado *debería*; solo un atractivo *podría*.

Aun así, mi entusiasmo por la publicación de este libro, en primer lugar, viene combinado con el gran asombro de que fuera necesario escribirlo. Pregúntale a cualquiera de los grandes héroes de la fe (no solo a los famosos, sino también a los discretos y humildes que tal vez conozcas personalmente), y pronto descubrirás que la clave de su fe es el tiempo que pasan a diario con el Señor en oración y reflexión bíblica. El tiempo devocional es esencial para tener una verdadera relación con Jesús. Aun así, las investigaciones revelan que, trágicamente, esta práctica fundamental está en declive, en especial entre los jóvenes, incluso en una época en la que la Biblia es más accesible que nunca.

Eso despierta algo dentro de mí que dice: «¡No bajo nuestra vigilancia! ¡No dejaremos que muera el tiempo devocional! Estamos llamados a hacer discípulos de Jesús: no meros congregantes en la iglesia capaces de cantar canciones y recitar credos sin cruzarse los dedos, sino una generación que en verdad sepa cómo andar y hablar con el Señor en intimidad y cómo ser moldeados por su Palabra a diario».

Resulta desconcertante que, aunque haya muchos materiales devocionales disponibles, hay muy pocos recursos que efectivamente enseñen de forma práctica a los nuevos cristianos (y a los que ya tienen mucho recorrido) cómo tener un tiempo devocional. Tal vez sea, si tomo la postura más benigna, porque el tiempo devocional es algo tan privado que los líderes rehúyen exponer a los demás a su espacio íntimo con el Señor. Sea cual fuere la razón, estoy muy contento de que Brian se dispuso a abrirnos su corazón, recopilando sus propios conocimientos, obtenidos con gran esfuerzo durante décadas de tiempo devocional cotidiano, para enseñarnos de manera tan poderosa y práctica a través de este libro.

Entonces, ¡sí! Creo que este podría ser uno de los libros más importantes que leerás este año. Mi sincero ruego en oración es que te ayude, en medio de las muchas distracciones y distorsiones de la vida, a crear tu propio desierto y cultivar la maravillosa disciplina de hacer una pausa diaria para simplemente: quedarte quieto.

Pete Greig
Oración 24-7 y la Iglesia Emmaus Rd

Introducción

A LO LARGO de los años, he aprendido que mi relación con Jesús no consiste tanto en esforzarme más o subir de nivel, sino más bien en un proceso en el que me invitan a ir más profundo. Soy cristiano desde que tenía cinco años y hace poco cumplí cincuenta. Son cuarenta y cinco años de viajar a través de las estaciones con Jesús en la aventura más grandiosa que jamás he conocido. He descubierto en el camino que la mayor parte de nuestra vida es improvisada: rara vez sale todo ordenado o lineal como nos gustaría que fuera.

Mi vida comenzó bien en Belfast, Irlanda del Norte. Vengo de una gran familia, con padres dedicados a servir a Dios. Esa dedicación los condujo a Inglaterra para liderar una pequeña iglesia en Essex cuando yo tenía ocho años. Por desgracia, mi madre falleció de cáncer de ovario cuando yo tenía once, lo cual fue un momento doloroso y decisivo para nuestra familia. Mi fe sufrió un golpe fuerte: mientras luchaba con mi dolor, también luchaba en mi relación con Dios.

Durante muchos años, pensé que estaba en una especie de batalla entre la fe y la duda, pero he llegado a entender que no era ninguna batalla. Yo tenía fe y también tenía dudas. Necesitaba aprender a vivir con ambas, pero podía elegir cuál alimentar y cultivar.

Durante mucho tiempo, no alimenté mi fe, lo que a su vez hizo que no tuviera raíces profundas. Esto generó cierta insatisfacción con mi vida, allí brotó la duda como una maleza indómita, y comencé a luchar para funcionar como cristiano en verdad. Viví con este dualismo durante toda mi adolescencia, luchando con quién quería ser, con quién me imaginaba que los demás querían que fuera y con mi propia comprensión de quién quería Dios que fuera. Experimenté increíbles altibajos en mi vida espiritual. Podía pasar de responder a un llamado al altar en la reunión matutina del domingo a fumar un cigarrillo de marihuana enorme de camino al trabajo el lunes. A mitad de semana, podía ayudar enérgicamente en el grupo de niños en la iglesia y, de camino a casa, desechar esa misma energía en una pelea callejera. Podía cantarle dulces canciones a Jesús y luego dar rienda suelta a mi imaginación en todo tipo de fantasías salvajes y pensamientos lujuriosos. Podía dar, pero quería recibir. Podía sentir amor, pero a veces actuaba con odio. Estaba lleno de contradicciones y conflictos, pero sabía cómo actuar de manera diferente en los distintos entornos en los que me encontraba y, sinceramente, creía que me salía bastante bien vivir mi doble vida.

Luego se volvió demasiado difícil sostenerla. Cuando tenía diecisiete años, se vinieron abajo todas las vidas que intentaba vivir. Mis decisiones se tornaron erráticas y muy pronto me pidieron que abandonara la universidad ¡y también mi casa! A los dieciocho años, estaba sin techo, sin trabajo y al parecer sin opciones. Perdí pronto la confianza y me volví introvertido y retraído. Tampoco ayudó que fumara tanta marihuana. No tenía ningún plan, ningún futuro claro. Me desentendí de mí mismo y de mi vida, dando un paso atrás y dejando que la vida me sucediera en lugar de tomar cualquier forma de iniciativa a favor del cambio. Tenía una consciencia interna de Dios que dirigía mis pensamientos hacia él, pero esta no afectaba mi comportamiento externo. Cuando llegué a los veinte años, todo esto estaba a punto de cambiar.

Tras unas cuantas visitas a la prisión, la vida me hizo frente, y Dios también. Tomé una decisión consciente de entregarle el resto de mi vida a él. Eso fue hace casi treinta años; hoy no soy nada perfecto, pero he estado casado por veintinueve años, crie a dos hijos hasta la edad adulta y disfruto de una vida plena al servicio de Dios.

La oración siempre había sido parte de mi infancia, desde el cuadrito de un niño arrodillado que colgaba en la pared de nuestra habitación con las sencillas palabras «*La oración cambia las cosas*» hasta ver a mi padre levantarse temprano para orar con regularidad. Desde el momento en que entregué mi vida a Dios, la oración ha permanecido en el primer plano de mi fe. Creo de corazón que la oración —la devoción a una relación, encuentro y conversación con Dios— es la raíz de todo lo que hacemos. La presencia del Espíritu Santo, el ministerio de Jesús y el tiempo que pasamos con el Padre son lo que nos hace ser quienes somos. La vida sin rumbo cobra sentido al conectarse con Dios; esta relación crece en comunidad, mediante el discipulado y al establecer y desarrollar una vida devocional personal.

Una de las formas clave que he buscado para establecer un ritmo de oración que me sostenga en las diversas estaciones de la vida es a través de un *tiempo devocional*. Un tiempo devocional es simplemente un momento diario que aparto específicamente para sintonizarme con Dios mediante la oración, la lectura bíblica y la reflexión. Es un tiempo en el que no solo hablo con Dios, sino que también le pido que me hable. Además, me da la oportunidad de examinar mi vida cada día para ver si en realidad estoy practicando mi fe. Es el manantial, el oasis y la fuente de mi vida como cristiano.

Para mí, esto requiere la primera hora de mi día, una silla, una Biblia, mi diario y una taza de café fuerte; pero, como veremos en este libro, el tiempo devocional no tiene por qué ser de una determinada manera. En Oración 24-7, llevamos años ayudando a crear espacios para el tiempo devocional, ¡y no siempre en los lugares más tranquilos! Desde que empezamos en 1999, hemos animado a grupos de personas a organizar «espacios de oración» para orar en ellos las veinticuatro horas, siete días a la semana. Y estos espacios ahora están dentro de edificios de iglesias, centros municipales, tiendas vacías sobre calles principales, barcos de guerra, cervecerías, prisiones, escuelas, y en hogares y palacios en dos tercios de las naciones del mundo. Suelen ser espacios creativos llenos de lucecitas y sitios para sentarse, escribir y responder, pero en realidad solo crean una cosa: una oportunidad para pasar tiempo con Dios.

La oración en estos espacios significa más que solo cerrar los ojos. Son lugares donde se puede pintar, escribir, cantar y participar de actividades que facilitan el encuentro con Dios. Aunque tengan aspectos diferentes en todo el mundo, son espacios creados intencionadamente para pasar tiempo con Dios.

La Biblia nos dice que Jesús buscaba activamente momentos y lugares para orar. Iba al desierto, a la montaña, al jardín, al templo. Su vida de oración tenía intencionalidad, una intencionalidad alimentada por el deseo de pasar tiempo con su Padre. La Biblia dice: «Quédate quieto en la presencia del Señor, y espera con paciencia a que él actúe» (Salmo 37:7), por eso el concepto de un tiempo devocional regular puede ser tan extraño para algunos de nosotros. Muchos de nosotros no somos demasiado buenos en practicar la quietud o la paciencia. ¡Yo me frustro si una página se carga lentamente en mi dispositivo! Vivimos en una cultura ajetreada y muy inmediata, pero este versículo nos llama a estar quietos y a esperar con paciencia. La idea no es que sea una obligación ardua, sino una invitación de Dios a entrar en un espacio de encuentro con él.

Una vez, unos monjes franciscanos describieron Salmo 46:10, «¡Quédense quietos y sepan que yo soy Dios!», como la puerta de entrada a la oración. Yo, en lo personal, una vez sentí que Dios me decía: *Brian, tú no te quedas quieto, ¡y a menudo intentas ser Dios!* Tal vez, como yo, tú necesites reimaginar el tiempo devocional como una puerta de entrada a un lugar de quietud donde podamos conocer al ser omnipotente, omnisciente, omnipresente, inmutable y eterno que es Dios.

Esta puerta no es estática. Creo que podemos vivir una vida en la que conozcamos y sintamos la presencia de Dios en cualquier momento y en cualquier lugar. En esta era transitoria, necesitamos una fe portátil. Quiero sentir la presencia de Dios ya sea que esté en casa, en la oficina, en el gimnasio, en una caminata, con amigos, en una fiesta o en el bar... dondequiera que esté. Y estoy convencido de que la disciplina de un tiempo devocional es clave para que esto suceda. Con los años, he desarrollado una rutina devocional. Es decir, cada mañana paso tiempo en la misma silla, pero he aprendido que la devoción que cultivo allí y la presencia de Dios que he sentido deben permanecer conmigo a lo largo del día, esté donde esté. El tiempo devocional fortalece mi fe para que no se vea sacudida por la geografía, los «me gusta» de las redes sociales, las tensiones relacionales o cualquier otro imprevisto de la vida.

Tengo en cuenta que la vida no siempre es fácil y que, de tanto en tanto, experimentamos desafíos grandes y pequeños. En medio de todo, sin embargo, podemos desarrollar una espiritualidad profunda de modo que nada nos sacuda o quebrante mientras permanezcamos estrechamente conectados con Dios.

Cada vida es diferente, y mientras lees este libro, una de las cosas más liberadoras que debes saber es que la vida de oración de cada persona también es única. Nuestra vida de oración será diferente en distintas etapas de la vida. Entre estas páginas, hay algunas ideas sencillas, preguntas que debes hacerte y diferentes puntos para reflexionar, cosas que, a lo largo de los últimos treinta años, he encontrado útiles. Espero que te ayuden a ser intencional en la creación y desarrollo de tu propio tiempo devocional. No pretenden ser exhaustivos. Por lo tanto, recomiendo que consultes la bibliografía al final para encontrar libros más extensos que te ayudarán a profundizar en cada uno de estos temas. Lo que comparto en este libro no es a modo paternalista o condescendiente, ya sea que seas nuevo en esto o que lleves décadas practicando un tiempo devocional, espero que este libro sea una herramienta que te ayude a desarrollar y cultivar un tiempo devocional que te sostenga, dondequiera que estés y sea cual sea lo que estés atravesando.

CAPÍTULO 1
Encuentro

Todas las mañanas me levanto, me preparo una taza de café, tomo mi diario, mi Biblia y mis libros, y me siento en la misma silla en un rincón de mi sala de estar. Durante la primera hora de casi todas las mañanas, me acomodo en ese lugar y me encuentro con Dios. Hace varios años, escribí lo siguiente en mi diario:

> *Señor, quiero cultivar y recordar el momento que tengo contigo en esta silla, para poder ir allí en mi mente dondequiera que esté. Necesito poder sumergirme en el recuerdo de la silla en cualquier momento. Tengo que conservar esa consciencia de Dios a lo largo del día para*

sumergirme de nuevo en ti en cualquier momento, para apoyarme en ti. El tiempo que paso en la silla me da memoria muscular para la jornada. El otro día, lo sentí en algún lugar: esta sensación matutina tan familiar... Elegí sentirla, tomar consciencia de tu presencia en ese momento en particular.

El encuentro que tengo con Dios en mi silla crea en mí una consciencia de Dios que perdura a lo largo del día. Entonces, déjame preguntarte a ti: ¿Dónde está tu silla?

La palabra *encuentro* significa «reunirse con alguien», «enfrentar a alguien» o «encontrarse». Por ejemplo, decimos cosas como: «Me encuentro con problemas en el trabajo» o leemos libros antiguos que dicen cosas como: «Nos encontraremos con el enemigo al amanecer». También tenemos encuentros con personas; he tenido algunas reuniones a lo largo de los años que no han salido bien, de las que me he ido pensando: *¡Qué encuentro más inusual!*

Cuando conocí a mi esposa, yo era nuevo en nuestra iglesia y acababa de salir de la prisión. Llegaba entusiasmado casi todos los domingos y Tracy tocaba el saxofón en el grupo de alabanza. (¡Deberíamos traer el saxofón de vuelta a la alabanza! Me encantaría escuchar unos cuantos solos de saxofón al estilo de «Bruce Springsteen» un domingo). Aunque me unía a la alabanza con toda sinceridad, me distraía lo suficiente como para poner todo el tiempo mi mejor cara de adoración y manejar una posición con la cual también pudiera llamar la atención de Tracy. Durante algunas semanas, creí que mi estrategia estaba funcionando. Sentía la química, podía ver su curiosidad, ¡la emoción en sus ojos!, cuando me devolvía la mirada. Finalmente, me armé de valor y le pedí una cita, y, al poco tiempo, nos casamos.

Mientras salíamos juntos, descubrí que mi futura esposa era miope. ¡Ni siquiera veía más allá del escenario en el que se encontraba! Ella jamás me había mirado: yo había malinterpretado esos momentos por completo. Aun así, ¡fue un encuentro que me cambió!

Los encuentros nos cambian

Todos tenemos encuentros con personas que tienen un profundo impacto en nuestra vida: cónyuges, hijos, profesores, padres, amigos, abuelos, pastores y líderes. Los encuentros con estas personas nos cambian. Las situaciones que atravesamos, buenas o malas, también nos afectan en lo profundo: una enfermedad, un momento cercano a la muerte, un desempleo, un conflicto, una tragedia, un nuevo trabajo, el nacimiento de un hijo, un viaje, el descubrimiento de cosas nuevas.

Mi primer encuentro con Dios en definitiva me cambió. Si estás leyendo esto y eres cristiano, supongo que eso es porque en algún momento viviste un encuentro con Dios y te diste cuenta que él es real y que ha enviado a su Hijo, Jesús, para morir por ti. Tuviste un encuentro con él y recibiste la salvación. Espero que esto haya sido algo más que solo un encuentro aislado.

Aunque me encontré con Dios en ese momento de

salvación, me quedó claro que necesitaría tener encuentros regulares con él si quería mantener mi fe cristiana. La razón por la que me siento en mi silla cada mañana es porque deseo tener encuentros regulares con él.

El encuentro comenzó en un jardín

El primer encuentro regular que leemos en la Biblia es el de Dios caminando con Adán y Eva «al fresco del día» (Génesis 3:8, LBLA). Lamentablemente, nos enteramos de este encuentro cuando todo está a punto de arruinarse:

> Y oyeron al SEÑOR Dios que se paseaba en el huerto al fresco del día; y el hombre y su mujer se escondieron de la presencia del SEÑOR Dios entre los árboles del huerto. Y el SEÑOR Dios llamó al hombre, y le dijo: ¿Dónde estás?
>
> GÉNESIS 3:8-9 (LBLA)

Ellicott escribe en *A Bible Commentary for English Readers* (Comentario bíblico para lectores ingleses) que:

> Jehová se manifiesta aquí como el dueño del Paraíso, y como quien realiza allí su ejercicio diario; pues el verbo está en la conjugación reflexiva y significa «caminar por placer». El tiempo es «al aire (literalmente, *el viento*) del día», la hora en un clima cálido cuando se levanta la brisa vespertina y los hombres, levantándose de su somnolencia

> del mediodía, salen a trabajar o recrearse. En esta descripción, la lección principal es que hasta entonces, el hombre había vivido en estrecha comunicación con Dios[1].

A pesar del lenguaje un poco anticuado de este comentario, la lección principal que aprendemos de este pasaje bíblico es que la humanidad originalmente vivía en estrecha comunicación con Dios. Qué hermosa imagen: Dios, el dueño de este paraíso, disfrutando de un paseo con Adán y Eva; ¡y no por única vez! Era una actividad regular, común. Cuando leo que «oyeron al SEÑOR Dios» (LBLA), creo que sintieron que se acercaba, oyeron el sonido de sus pasos. Casi puedo imaginarlos deteniéndose, esperando y escuchando, tal vez con creciente entusiasmo, aquietándose, preparándose para caminar con Dios.

Esta es una representación impactante de la intención original de Dios: personas descansadas caminando con el Dios Creador, conversando como amigos. Personas que se encuentran regularmente con Dios, personas que viven en estrecha comunicación con Él. Entonces, un día, Dios no encuentra a sus compañeros de paseo; se han escondido y Dios los llama: «¿Dónde estás?» (LBLA). Algo en mí ama el peso del inglés antiguo de la versión *King James*, donde Dios dice: «Where art thou?» (¿Dónde estás tú?). Creo que Dios sigue llamando a su pueblo, a ti y a mí: «¿Dónde estás tú?». ¿Parece probable que cuando Dios llamó: «¿Dónde estás?» a Adán y Eva en realidad no supiera dónde estaban, que de alguna manera el Dios omnisciente los hubiera perdido?

El miedo y la vergüenza que sintieron por lo que habían hecho mal los llevó a esconderse, y puede suceder lo mismo con nosotros. Viene este pensamiento: *Si me encuentro a solas con Dios, él verá cosas en mí que yo no quiero que vea; tendré que enfrentarme con mi desconocimiento, mi pecado, mi debilidad.* Tengo miedo de que eso delate lo superficial, débil e inútil que soy para vivir esta vida cristiana. Tal vez sea mejor saltear ese encuentro personal y deba mantenerme ocupado haciendo cosas buenas, cosas de la iglesia, cosas cristianas. Iré a las reuniones de la iglesia y me encontraré con Dios entre la multitud pero, por favor, no a solas. Él va a ver dentro de mi alma y la encontrará superficial, oscura, hipócrita y débil. La vergüenza me impide tener un encuentro profundo con Dios. Algunos comentaristas dicen que Dios no estaba llamando a Adán y Eva para averiguar su ubicación física, sino para saber en qué condición se encontraban, como diríamos hoy: «¿En qué andas?». ¡A veces yo preferiría no responder a esa pregunta!

Dios nos busca. Es una búsqueda llena de gracia, colmada de bondad, porque él quiere potenciar nuestra recuperación y restauración. No tenemos por qué temer un encuentro, porque en el encuentro auténtico él nos completa. La intervención de Cristo, mediante su muerte sacrificial, anuló la separación que experimentamos a causa del pecado y la muerte. En Romanos 8:1-2 se nos imparte una asombrosa seguridad: «Por lo tanto, ya no hay condenación para los que pertenecen a Cristo Jesús; y porque ustedes pertenecen a él, el poder del Espíritu que da vida los ha libertado del poder del pecado, que lleva a la muerte». El plan original de Dios se restablece: Dios camina y habla con las personas, sin barreras.

¿Dónde está tu jardín?

La palabra hebrea para jardín es *ganná*, que literalmente significa «un lugar cubierto o escondido». En el escenario bíblico, los jardines solían ser pequeños recintos amurallados, espacios tranquilos en los que uno podía esconderse y encontrar un momento de descanso. Puedes encontrar muchos ejemplos así en Marruecos, Túnez, o incluso en Sevilla, España. El objetivo de estos pequeños jardines era replicar el ambiente de jardines más amplios, en los que te encontrarías con caminos serpenteantes, corrientes de agua, árboles y plantas aromáticas dando sombra, lugares hermosos para sentarte, fuentes burbujeantes y el canto de pájaros. Ambos espacios serían lugares preciosos para relajarse y refrescarse en una región árida y calurosa. No sabemos exactamente qué aspecto tenía el jardín donde Adán y Eva caminaban con Dios, si era sosegado o salvaje, pero, de seguro, en ese tiempo en el que la creación de Dios era nueva y pura, debía haber sido un lugar agradable y refrescante.

La silla donde paso mi tiempo devocional es mi «jardín» metafórico, mi lugar de encuentro, y la mañana es mi momento. Me levanto temprano, y en esta etapa de la vida, alimentar y organizar a niños pequeños para comenzar el día ya no forma parte de mi rutina matutina. La ubicación y la hora pueden ser completamente diferentes de persona a persona. Tu propio «jardín» podría ser tu coche, tu gimnasio, una salida al aire libre o incluso tu cama (algunos de estos lugares pueden necesitar un poco más esfuerzo para convertirlos en un espacio tranquilo, pero es posible). Tomarte un tiempo por la mañana es una excelente manera de empezar el día, pero quizás un momento con menos distracciones para ti sea un paseo durante la hora del almuerzo, o tal vez te sientas más capaz de concentrarte después de los ajetreos de tus quehaceres cotidianos. Lo importante es que encuentres un lugar y una hora para este encuentro cada día. Yo viajo por mi trabajo con frecuencia y, mientras estoy lejos, la hora de mi encuentro cambia y el lugar también. Sin importar cómo se vea mi agenda, sin embargo, he aprendido a identificar el momento de cada día para dedicar a un tiempo devocional. En toda época, es posible encontrar algo que funcione.

Para Jesús, el fluir de su vida y su ministerio fue de oración, reflexión y desbordado de encuentros regulares con su Padre. Haríamos bien en aprender de él.

El encuentro cuando la vida va bien

Cuando las cosas iban bien, Jesús oraba. Al principio de su Evangelio, Marcos escribe que Jesús sanó a muchos enfermos. La noticia se difundió con tanta rapidez que, mientras Jesús se alojaba en casa de la suegra de su discípulo Pedro, «el pueblo entero se juntó en la puerta» esperando encontrarse con él (Marcos 1:33). Ocurrieron muchas sanidades más y la gente de todas partes de la ciudad seguía llegando. Esto fue al principio del ministerio de Jesús, el cual ya parecía ser muy exitoso. Cuando recuerdo mi época en el liderazgo de una iglesia, este hubiera sido mi sueño: todo el pueblo acudiendo a la puerta, buscando un encuentro con Jesús. Esto se clasificaría como un avivamiento genuino. Todo iría viento en popa; de seguro otros líderes cristianos nos visitarían para ver la obra de Dios y para poder tener la misma experiencia en sus propias ciudades.

Aunque, luego leemos: «A la mañana siguiente, antes del amanecer, Jesús se levantó y fue a un lugar aislado para orar» (Marcos 1:35). En medio de éxitos y avances, de multitudes receptivas, de personas deseosas de ser sus seguidores, ansiosas por escuchar sus palabras y por ser testigos de sus acciones, Jesús se apartó de todo esto y se retiró a un lugar solitario para pasar un tiempo devocional. No sabemos qué hizo en ese tiempo devocional, pero Marcos decide mencionarlo, por lo que parece ser algo que quiere que el lector entienda.

Los discípulos fueron a buscarlo, quizás algo desconcertados por su desaparición, y al encontrarlo exclamaron: «Todos te están buscando» (Marcos 1:37). Básicamente, decían: «Volvamos a lo nuestro. Construyamos sobre este avance, aprovechemos este momento, ¡montemos esta ola!». Está claro que Dios estaba actuando de manera extraordinaria en ese momento; no era algo que los discípulos estuvieran acostumbrados a experimentar. Podrían haber creado un centro de avivamiento; la gente hubiera viajado desde cerca y desde lejos para unirse a ellos. Desde allí, Jesús podría haber establecido su gobierno y reinado. Trabajo hecho. ¡Misión cumplida!

Jesús no regresó a la multitud que lo esperaba, sino que anunció: «Debemos seguir adelante e ir a otras ciudades, y en ellas también predicaré porque para eso he venido» (Marcos 1:38). No queda registrado si los discípulos se sintieron más confundidos o entusiasmados por esta movida inesperada. Lo único que sabemos es que Jesús salió de un espacio de oración decidido a predicar en otros lugares. Una vez, oí a un sabio predicador hablar de dos cosas que nos frenan en nuestro caminar cristiano: una es un sentido equivocado de la responsabilidad y la otra es responder a las oportunidades equivocadas. Creo que cuando visitamos el jardín, el espacio de quietud, Dios nos recuerda quiénes somos y que él está en control.

He observado que las personas son más propensas a dejar de reunirse con Dios cuando la vida es fácil que cuando la vida es dura. El encuentro puede desaparecer de la vida cuando el éxito nos aleja de priorizar un tiempo devocional. La adrenalina, las multitudes, los elogios, el estatus o el dinero pueden, con facilidad, y con toda sutileza, desviar nuestra atención de Dios, la fuente de nuestra vida y paz. Todas estas cosas estaban al alcance de Jesús en este momento de su ministerio, pero no fue lo que él eligió. Optó por retirarse a un lugar solitario. Decidió ignorar el atractivo del éxito y la distracción de la popularidad, y siguió el camino al que sabía que estaba llamado. No insinuó que el éxito fuera malo en sí mismo; más bien, no permitió que los aspectos buenos del éxito lo alejaran de su tiempo devocional.

Del mismo modo, en el Antiguo Testamento, cuando los

hijos de Israel habían viajado durante muchos años a través el inhóspito entorno del desierto y estaban finalmente a punto de entrar en una vida de reposo y prosperidad, Dios les advirtió mediante la voz de Moisés: «Cuando hayas comido en esa tierra hasta saciarte, ten cuidado de no olvidarte del Señor, quien te rescató de la esclavitud de Egipto» (Deuteronomio 6:11-12). Cuando estamos llenos y satisfechos, confiados en nuestra autosuficiencia, podemos olvidarnos de ir a nuestra silla y ser alimentados por el Señor. Necesitamos cultivar una santa determinación de ir a ese espacio de quietud incluso cuando nos encontramos con el éxito.

El encuentro cuando la vida está ocupada

Al adentrarnos más en el Evangelio de Marcos, leemos que Jesús estaba muy ocupado.

> Entonces Jesús les dijo: «Vayamos solos a un lugar tranquilo para descansar un rato». Lo dijo porque había tanta gente que iba y venía que Jesús y sus apóstoles no tenían tiempo ni para comer. Así que salieron en la barca a un lugar tranquilo, donde pudieran estar a solas; pero muchos los reconocieron y los vieron salir, y gente de muchos pueblos corrió a lo largo de la orilla y llegó antes que ellos. Cuando Jesús salió de la barca, vio a la gran multitud y tuvo compasión de ellos porque eran como ovejas sin pastor. Entonces comenzó a enseñarles muchas cosas.
>
> MARCOS 6:31-34

Es evidente que Jesús y sus discípulos lidiaban con enormes presiones y grandes exigencias de tiempo, a tal punto que les faltaba tiempo para hacer una pausa y comer adecuadamente. Cuando descuidamos nuestras necesidades físicas básicas, suele ocurrir que también descuidamos nuestras necesidades espirituales. Jesús les dijo a sus discípulos: «Vayamos solos a un lugar tranquilo». Se subieron a una barca y se dirigieron a un lugar solitario para escapar de la multitud, pero la multitud los siguió. La vida es así; la multitud nos sigue. A veces, nuestro lugar solitario se llena. Se llena con el ajetreo de la vida misma y con las distracciones, las preocupaciones y los afanes que conlleva. Al igual que la multitud, estas cosas pueden seguirnos a nuestro espacio de quietud o impedirnos entrar en él, perturbando nuestros planes bien intencionados.

La respuesta de Jesús a la multitud y a todo el bagaje que traían consigo fue de compasión. Los atendió antes de despedirlos: «Jesús insistió en que sus discípulos regresaran a la barca y comenzaran a cruzar el lago hacia Betsaida mientras él enviaba a la gente a casa. Después de despedirse de la gente, subió a las colinas para orar a solas» (Marcos 6:45-46).

A veces, quedarse quieto en un lugar solitario durante un tiempo de mucho trabajo puede requerir más esfuerzo de lo habitual. Suena extraño decir que debemos esforzarnos más para quedarnos quietos, pero en la práctica puede parecer así. Es como escalar una montaña; nos esforzamos más y subimos más alto para llegar a la cima y alcanzar un gran avance. He escalado montañas, aunque no muchas, para ser completamente sincero, y no es fácil. Requiere tiempo y energía. Pero llegar a la cima ofrece una nueva perspectiva y una visión diferente del mundo. No sabemos qué sucedió cuando Jesús despidió a la multitud y se subió a esa montaña, pero sí sabemos que cuando bajó, ¡caminó sobre el agua!

Una de las cosas más difíciles de hacer cuando estoy muy ocupado es dedicar más tiempo de lo habitual a mi tiempo devocional. Con tantas cosas por delante que reclaman mi atención, la tentación es entrar y salir corriendo una y otra vez, pero he aprendido que mi tiempo devocional es mucho más importante cuando hay muchas cosas en mi agenda o en mi mente. En mi tiempo devocional, veo cómo el Señor viene y me equipa con una perspectiva fresca y una energía renovada.

El encuentro en tiempos de crisis

Para mí, los jardines en la Biblia representan la intimidad. En primer lugar, la intimidad que experimentaron Adán y Eva al principio mientras caminaban y hablaban con Dios. Más tarde, en otro jardín, el encuentro íntimo de Jesús con su Padre. Este relato nos vislumbra tanto el momento de mayor tumulto y angustia que vivió Jesús como la sumisión y obediencia final a su Padre. Con la consciencia de que la tortura, la cruz y la muerte eran inminentes, Jesús les dijo a sus discípulos: «Mi alma está destrozada de tanta tristeza, hasta el punto de la muerte» (Marcos 14:34). Luego, yendo un poco más lejos, cayó al suelo y oró que, si fuera posible, pasara de él aquella hora. «*Abba*, Padre —clamó—, todo es posible para ti. Te pido que quites esta copa de sufrimiento de mí. Sin embargo, quiero que se haga tu voluntad, no la mía» (Marcos 14:36, énfasis añadido).

¡Qué momento de intimidad tan poderoso en medio de una crisis tan inimaginable! Antes de la acción, vino la oración; antes del acto redentor que ofreció salvación a toda la humanidad, tuvo lugar un momento de absoluta intimidad en un jardín. Lo que se perdió en un jardín se recuperó en un jardín. En el jardín del Edén, Adán se rindió a su propia voluntad; en el jardín de Getsemaní, Jesús se rindió a la voluntad de su Padre.

Las crisis provocan en nosotros todo tipo de reacciones. Recurrimos a otras personas y hacemos lo que podemos para solucionar las cosas. Ninguna de estas dos reacciones está mal, pero cuando acudimos a Dios en un momento de crisis, recibimos fuerzas para enfrentar tanto la noche como el día. Encontramos esperanza en medio de la desesperación, consuelo en medio del dolor y, quizás, una intimidad más profunda que en cualquier otro momento: pues nos oímos a nosotros mismos, como niños, gemir «¡Padre!». Soy alguien que ha experimentado la pérdida y el duelo, y sé que estas pocas líneas son insuficientes para abordar el sufrimiento que acompaña la crisis: sé que desata una necesidad profunda que levanta muchas dudas. Para esto, recomiendo encarecidamente el libro *God on Mute* (El Dios silenciado), escrito por mi querido amigo Pete Greig.

Resumen

Cuando la vida va bien, cuando la vida está ocupada o en un tiempo de crisis, observamos que Jesús priorizaba un tiempo devocional. Estas no eran reflexiones devocionales aburridas de un pensador etéreo, distante y monástico, dando sorbos a su té inglés. Era un tiempo devocional que cambiaba su vida y conducía a milagros, transformación, revelación y salvación... que moldeaba el destino.

Aquí dejo algunas ideas para considerar al final de este capítulo:

- ¿Dónde estás? ¿En qué andas?
- ¿Dónde está tu silla? ¿Dónde está tu jardín?
- Para ti, ¿cuál es la mejor hora para ir allí?
- ¿Necesitas cambiar la hora o el lugar de tu encuentro con Dios?

Si te resulta difícil responder a las preguntas anteriores, considera lo siguiente:

- Busca un lugar: tu coche, el gimnasio, tu dormitorio, una sala de oración, una iglesia local, tu celda en la prisión, tu sillón.
- Busca una hora: por la mañana, por la noche, por la tarde; lo que funcione mejor para ti.
- La flexibilidad te hará libre: las diferentes circunstancias y épocas requieren diferentes enfoques para tus encuentros. Toma el desafío de comenzar donde estés hoy. Ya sea que te encuentres en una temporada de éxito, muy ocupado o en desesperación, Dios vendrá a tu encuentro allí donde estés.

CAPÍTULO 2

La distracción

He chocado tres coches, y cada vez que ocurrió, estaba distraído. Una vez, estaba admirando el reflejo de mi coche en la vidriera de un negocio y por eso no noté que el coche que iba delante de mí se había detenido. La siguiente vez, estaba hablando con mi hijo pequeño en su butaca de seguridad y no vi que el semáforo se había puesto en rojo. El último choque ocurrió cuando me acercaba a una rotonda. Seguí adelante sin comprobar si la conductora que iba delante de mí también se había movido hacia adelante. Esta vez, la conductora era mi esposa embarazada en el coche de su hermana; lo habíamos pedido prestado para ir a recoger un coche nuevo—el que yo conducía—, del cual ya éramos dueños hacía solo una hora. ¡Me imagino que, si yo ofreciera llevarte en coche a algún lado, te pondrías nervioso!

El *Diccionario de Cambridge* describe la distracción como «algo que impide a alguien prestar atención a otra cosa»[1]. Cuando se trata de la oración, Jesús sabía que podíamos distraernos. Comprendía que, si vamos a tener un tiempo devocional con Dios, tendremos que ser intencionales con ciertas cosas.

En Mateo 6:6 Jesús dijo: «Pero tú, cuando te pongas a orar, entra en tu cuarto, cierra la puerta y ora a tu Padre, que está en lo secreto. Así tu Padre, que ve lo que se hace en secreto, te recompensará» (NVI). Con estas sencillas palabras nos da algunos consejos sobre cómo podemos procurar un tiempo devocional. La palabra *cuarto* que aparece en este texto viene de la palabra griega *tameion*, que se traduce como «almacén». La palabra se utiliza varias veces a lo largo de la Biblia, principalmente con el sentido de un lugar o escondite secreto. El erudito bíblico R. T. France explica: «Era una habitación interior, aislada, probablemente sin ventanas y quizás con la única puerta con cerradura de la casa; por lo tanto, se denomina un lugar secreto»[2].

Jesús no estaba diciendo que no hay lugar para la oración pública o comunitaria, y no nos estaba prohibiendo orar con otros. Nos estaba guiando hacia un espacio más profundo de oración personal que potenciara nuestra oración pública y comunitaria. Encontrar un cuarto «probablemente sin ventanas» no necesariamente suena atractivo o cómodo, pero no creo que eso sea una recomendación literal; sino una exhortación a elegir una habitación sin distracciones donde podamos enfocarnos más plenamente en el Señor.

Si buscamos seguir bien la instrucción de Jesús, necesitamos ser intencionales con ciertas cosas: nuestra elección del lugar, nuestra acción y nuestra interacción.

- Jesús nos dice: «Cuando te pongas a orar, entra» (NVI). *Entra* es una palabra sencilla que conlleva intencionalidad. Es una orden para que te sitúes en otro lugar. En este caso, entrar en tu cuarto: buscar un *lugar con intención*.
- A continuación, Jesús dice: «Cierra la puerta» (NVI). Una vez más, hay intención: no se trata solo de trasladarte a un espacio diferente, sino de hacer el esfuerzo físico de cerrar la puerta, de *tomar una acción intencional*.
- Luego, ora. Después de haber ido a un lugar específico y haber tomado medidas para eliminar la distracción, puedes dedicar tu atención a «[orar] a tu Padre» (NVI). Es una *interacción intencional*.

Un cuarto sin ventanas

En 1851, el filósofo danés Søren Kierkegaard escribió sobre la creación del silencio[3]. Me gusta que no dijera *encontrar* el silencio, sino *crear* silencio. Para crear un silencio sin distracciones ni ventanas en el que podamos estar plenamente concentrados y presentes, se requiere cierto grado de intencionalidad.

Es difícil encontrar un cuarto literalmente sin ventanas, (en mi casa, eso sería un armario). Aunque el problema no es necesariamente la presencia de ventanas de vidrio. Tenemos muchas otras ventanas que nos distraen y la mayoría están en nuestros dispositivos. Tenemos ventanas al mundo de las noticias, ventanas al mundo de las redes sociales, ventanas al consumo comercial, ventanas a la información y ventanas al entretenimiento. Con todo, Jesús nos pide que vayamos a un cuarto apartado y sin ventanas para orar. Esto era en parte una reacción a prácticas farisaicas de su época —algunos querían que su piedad en la oración fuera muy visible para los demás— y a la vez, fue una súplica para que pasemos tiempo en quieta reclusión con Dios en el «lugar secreto» que describía R. T. France.

Vivimos en una época sobrecargada de información, época en la que se vuelve un reto encerrarnos a diario en un lugar quieto y recluido, libre de distracciones. Aun así, puede y debe tener su recompensa. En palabras de Jesús: «Entonces, tu Padre, quien todo lo ve, te recompensará». Hay recompensas que pueden ser encontradas en la reclusión y hay beneficios que se pueden ganar en el lugar secreto de la oración.

A medida que he crecido en mi práctica del tiempo devocional, mi Padre me ha recompensado por buscarlo. Seamos claros: esta recompensa no es física ni material; las recompensas más significativas que he recibido al buscar un tiempo devocional han sido las recompensas internas. En esta práctica de búsqueda, he hallado paz, he hallado alegría, he hallado contentamiento, me he encontrado a mí mismo y he encontrado a Dios. Para estar quieto, necesito estar libre de distracciones.

Antes de que esto suene a una diatriba contra la tecnología, creo que es útil entender que, en realidad, el mayor obstáculo para entrar en mi cuarto, cerrar la puerta y orar a mi Padre que está en lo secreto viene de mi propia mente, ¡no de mi dispositivo! Sucede más o menos así:

Es lunes por la mañana. Me estoy preparando para la nueva semana. Me acomodo en mi silla para pasar un tiempo devocional en mi «lugar secreto» y recurro a mi Biblia para empezar. Me acerco en oración a la Carta a los Romanos. Reflexiono en la belleza del capítulo 12: el fluir de la narración, la exhortación de Pablo a ofrecernos como sacrificios vivos, el modelo para la vida cristiana. El recorrido entre los capítulos 12 y 15 es inmenso. Me entusiasma poder profundizar en esta magnífica sección de las Escrituras, explorando la clásica pregunta: *¿Cómo, pues, debemos vivir?*

Pienso en el anhelo de Pablo de viajar a Roma, siendo ciudadano por nacimiento del poderoso Imperio romano, él anhelaba ver esa gran capital y la iglesia que se había establecido allí. Imagino cómo hubiera sido Roma en el primer siglo d. C. y pronto mis pensamientos se desvían:

> *Nunca he estado en Roma. Me encantaría ir, quizás para hacer una escapadita barata a la ciudad. Amo Italia. Amo la comida italiana. Eso me recuerda que vi un poco de pasta en el refrigerador; tal vez podríamos cenar eso. ¿No estaría delicioso con camarones? Tal vez*

corra al supermercado más tarde para comprar algunos. La última vez que fui, había una oferta especial de fresas. Mmm, fresas... La semana pasada comimos un delicioso postre de fresas en casa de mi suegra. ¡Oh, cielos! Ella me pidió prestada mi hidrolavadora. Debo llevársela más tarde. ¿Debería comprarles su propia hidrolavadora? Apuesto a que puedo encontrar una en eBay.

¡Boom! Con el móvil en mano, estoy buscando hidrolavadoras de precio intermedio en eBay para mis suegros como regalo de Navidad, y apenas estamos a mediados de marzo. Sin lugar a duda, he abandonado mi cuarto interior y me he quedado mirando afuera, distraído, hacia el mundo del consumismo virtual, ¡justo cuando me había propuesto orar a mi Padre que está en lo secreto!

Es cierto que este tipo de divagaciones mentales no se limita al tiempo devocional; pueden ocurrir durante cualquier reunión. Respondemos al ruido en nuestra mente y seguimos alegremente su sinuoso camino por un sendero de conejos. Quizás sea por aburrimiento o tal vez estemos sobreestimulados; tal vez se deba al cansancio, al estrés o, simplemente, ¡al exceso de café! Dentro de nuestra cabeza, podemos vivir una vida distraída en la que por fuera parecemos estar presentes, pero por dentro transitamos un laberinto.

Estoy hablando aquí de una divagación desenfocada, no de la exploración curiosa y constructiva de una nueva idea o pensamiento. Eric Klinger explica la psicología del ensueño consciente: «El ensueño, si incluye la divagación mental y la fantasía, resulta ser uno de los aspectos centrales de la vida humana. Se basa en procesos que son esenciales para nuestra supervivencia y está conectado, de una u otra manera, con prácticamente todo lo que nos rodea»[4]. A pesar de ser uno de los aspectos centrales de la vida humana, sin embargo, el ensueño tiene el poder de desviarnos de nuestro cuarto interior durante un tiempo devocional. Tiene la capacidad de llevarnos lejos del único enfoque que nos da vida. Así que debemos aprender a regular nuestra divagación mental.

Me parece fascinante que seamos capaces de salir por completo del cuarto interior en nuestra mente. Cuando pienso en todas las demás distracciones que nos rodean, me sorprende que alguien pueda concentrarse. Se enseña mucho en la actualidad sobre cómo recuperar el *sabbat*, guardar nuestros móviles, reducir nuestro consumo digital (todo esto es útil y bueno), pero no podemos apagar nuestra mente. Nos distraemos, incluso sin el caos tecnológico de la vida del siglo XXI que está diseñado para ayudarnos... ¡o distraernos! Aunque, si le echamos toda la culpa de nuestra distracción a la tecnología, tal vez nos estemos excusando con mucha facilidad. En una época previa a Internet, C. S. Lewis escribió:

> Siempre nos enamoramos y nos peleamos, buscamos trabajo o tememos perderlo, enfermamos y nos recuperamos, seguimos los asuntos públicos. Si nos dejamos llevar, siempre estaremos aguardando que acabe una u otra distracción antes de poner

> manos a la obra realmente. Los únicos que llegan alto son quienes desean tanto el conocimiento que lo persiguen aun cuando las circunstancias son desfavorables. Las circunstancias favorables nunca llegan[5].

Las distracciones siempre estarán a nuestro alrededor. Si esperamos el momento en que dejen de existir, esperaremos en vano. Un nuevo hogar, un trabajo diferente, un cambio de iglesia, nuevas relaciones o cualquier otro cambio externo no eliminará las distracciones. La distracción puede cambiar de forma, pero nunca desaparece. Cuando se trata de la distracción, «las circunstancias favorables nunca llegan». Al contrario, debemos aprender a encontrar la paz y el enfoque a pesar de las distracciones. Debemos aprender a lidiar con algunas de las distracciones internas que obstaculizan el tiempo devocional.

La jornada laboral que tienes por delante, una película que has visto, una conversación que tienes que tener, lo que vas a cenar: la mayoría de las veces podemos mantener las distracciones en un segundo plano para enfocarnos en lo que requiere un tiempo devocional. De vez en cuando, una de ellas insistirá en pasar a primer plano. Otras aparecerán y secuestrarán tus pensamientos, al parecer de la nada. Y otras, como en mi experiencia con Romanos, responderán a factores desencadenantes. He descubierto una técnica que puede ayudar con la mayoría de estas distracciones. Son solo dos pasos sencillos: ponerle nombre a tu distracción y dominarla.

Nombra tu distracción

Es muy importante definir lo que nos distrae. Para poder definirlo, a mí me resulta útil darle nombre. Continuamente hay sonido de fondo que se reproduce en nuestra mente. Es como un comentarista que observa y se aferra a estímulos inmediatos, dispara recuerdos de situaciones o sucesos pasados y provoca pensamientos sobre acontecimientos futuros. Un amigo mío lo llama «ruido mental»; él diría que no puedes hacerlo desaparecer, pero sí puedes reducir el volumen.

Para reducirlo, tienes que saber qué es: necesitas identificarlo. Entonces podrás nombrar la distracción. Algunos días es más fácil nombrar la distracción que otras veces. He descubierto que, cuando no puedo darle nombre a la distracción, vale la pena parar un momento para intentar identificarla. ¡Suelo ponerle nombre en pocos minutos!

En términos sencillos, funciona así:

- *Toma consciencia de tu distracción.* Reconoce que no estás atento como quisieras.
- *Identifica tu distracción.* Si es necesario, tómate unos minutos adicionales para descubrir exactamente qué es lo que te distrae.
- *Declara el nombre de tu distracción.* Dite a ti mismo, en voz alta, en un papel o en tu interior: «Me estoy distrayendo con...».

Después de haber puesto nombre a tu distracción, puedes pasar al siguiente paso.

Domina tu distracción

Para dominar tu distracción, debes considerar qué nivel de acción se requiere para la distracción que has nombrado.

- *Responde a la distracción.* Algunas distracciones requieren una respuesta. Si continúas pensando en un amigo cuyo matrimonio está pasando por un mal momento, esta es una distracción que debería llevarte a la oración.
- *Alimenta la distracción.* Dale lo que quiere y desaparecerá pronto. Si notas que te distraen constantemente los gruñidos de tu estómago, ¡solucionarás tu distracción con un par de panes tostados o un tazón de cereales!
- *Posterga la distracción.* Si la distracción es una tarea que debes completar más tarde en el día, suele ser útil anotarla y retomarla después de tu tiempo devocional. Si tu móvil no deja de sonar, apágalo.
- *Descarta la distracción.* A veces no son más que tonterías y debes ignorarlas. Ríete de ella, tírala a la basura o quémala.

En realidad, se trata de un proceso muy rápido y sencillo; no te llevará mucho tiempo y te dejará libre para adentrarte en el resto de tu tiempo devocional con mayor enfoque. También he descubierto que hay algunas acciones físicas que ayudan a evitar la distracción. Parece bastante natural involucrar la vista y el oído cuando pensamos en un tiempo devocional. Utilizar el sentido del tacto es una buena forma de detener una distracción.

Prácticas táctiles

Hace varios años, un pequeño equipo de Oración 24-7 fue invitado a abrir y organizar un espacio de oración en la catedral de San Pablo en Londres. Es un edificio hermoso, y tal vez uno de los más impresionantes que podríamos haber encontrado para crear un espacio donde cualquiera pudiera llegar y orar de forma imaginativa y reflexiva. Instalamos siete estaciones que facilitaban un recorrido de oración. En una de las estaciones había trozos de hilo; allí se invitaba a la gente a hacer cinco nudos en el hilo y llevárselo como recordatorio para orar por cinco amigos que aún no conocían a Jesús.

Después de un par de días, nos enteramos de que el obispo de Londres de ese momento estaría de visita, y me pidieron que le mostrara y le explicara el recorrido de las estaciones de oración. Admiro mucho al ahora retirado reverendo Richard Chartres, ¡pero me parece un poco intimidante! Ofició la boda real del príncipe Guillermo y Kate Middleton; tuvo el honor de predicarle a la mayor cantidad de personas que alguien jamás haya reunido en un solo momento, ya que mil millones de personas lo vieron desde todo el mundo. Su título, su imponente estatura y su voz atronadora, junto con la consciencia de que la catedral de San Pablo era efectivamente su territorio, me pusieron muy nervioso.

Cuando le mostré la estación de oración con los trozos de hilo, el obispo me miró y me habló.

—Esto me recuerda a un *chotki* ruso. ¿Tienes uno?

—No —dije sorprendido.

—Pues, entonces —replicó—, puedes quedarte con el mío. Iré a casa a buscarlo.

Y con eso, el obispo salió de prisa de la catedral de San Pablo rumbo a su casa, del otro lado de la calle, dejando atrás a un grupo de dignatarios algo perplejos. Regresó pronto con una extraña cuerda de oración compuesta de cien nudos, los cuales estaban separados por una cuenta de madera cada diez nudos. El obispo se tomó un momento, me miró a los ojos y me dijo:

—Quiero darte este *chotki* en gratitud por la obra de Oración 24-7 y por todo lo que han hecho para inspirar la oración a lo largo de los años.

Fue un momento extraordinario.

Mientras me presentaba el *chotki,* dijo:

—Esto me lo hizo un monje siberiano llamado padre Mercury.

A estas alturas, los nervios se apoderaron de mí y, sin pensar, bromeé:

—¿Algún parentesco con Freddie?

Nadie se rio. Me tragué la vergüenza, le di infinitas gracias por su gesto tan amable y seguimos adelante.

Pues, me estoy desviando del tema... ¿ves lo fácil que es distraerse? Los *chotkis* son cuerdas de oración de la tradición católica oriental y ortodoxa oriental. Por lo general, los monjes las usan para ayudarlos a contar cuántas veces han orado la Oración de Jesús: *Señor Jesucristo, Hijo de Dios, ten piedad de mí, pecador*. Según el método tradicional, en cada nudo se repite la Oración de Jesús y la décima cuenta de madera señala un Padrenuestro. A veces sigo este modelo, pero otras veces rompo la rutina y oro por amigos o repito otras frases bíblicas. El *chotki* es un regalo para la iglesia, una forma táctil de ayudarnos a mantener la concentración al orar. Empecé a usar este *chotki* en mis oraciones matutinas, y tenerlo en las manos me ayudó a mantener la concentración. Cuenta una leyenda que San Antonio diseñó el primer *chotki* usando una cuerda de cuero que ataba cada vez que oraba, pero aparecía el diablo y se la desataba, así que ideó una manera de hacer una cuerda de oración que el diablo no pudiera desatar.

El uso del *chotki* me llevó al descubrimiento de que tener otros objetos simbólicos en la mano cuando oro me permite mantener la concentración. Como pasé siete años y medio de mi vida en Ibiza, me gusta orar por todo el país cada semana, así que compré una pequeña cruz de madera y tallé la palabra *Ibiza* en ella. Oro con la cruz en mis manos: me ayuda a controlar las distracciones. Otras veces, sostengo en mi mano una piedra redonda; esto me recuerda que Dios es mi roca y me ayuda a orar que él sea una roca para los demás.

Los objetos físicos también son útiles como recordatorios para orar a lo largo del día. Yo enseño un ejercicio donde animo a la gente a buscar una canica y colocarla en su bolsillo. Cuando notan su presencia allí durante el día, las impulsa a entrar en un tiempo devocional en su mente y orar por aquello o por la persona que la canica representa.

A pesar de mi momento de torpeza en la catedral de San

Pablo, el ejercicio de oración con nudos e hilo se volvió muy popular allí y se convirtió en una de las herramientas que Oración 24-7 utilizó cuando nos asociamos con la iniciativa de oración del arzobispo de Canterbury: «Venga tu reino». Miles de personas por todo el mundo han aplicado esta idea sencilla y es hermoso escuchar historias de personas que se comprometen seriamente a orar con regularidad por amigos que luego han conocido a Jesús. ¿Hay algún poder en estos objetos? Por supuesto que no. Solo son herramientas para ayudarnos a permanecer concentrados en la oración. Yo aprovecho cualquier cosa que me resulte útil para poder permanecer presente en el momento, de modo que no acabe alejándome de mi tiempo devocional. Distintas cosas sirven en diferentes momentos... ¡Sé creativo!

La respiración

Algo a lo que no siempre prestamos atención cuando oramos es nuestra respiración, pero pensar en ello puede ayudarnos mucho cuando se trata de distracciones. La Oración de Jesús que mencioné anteriormente es lo que se conoce como una oración de respiración. Tradicionalmente, se dice «*Señor Jesucristo, Hijo de Dios*» al exhalar y «*ten piedad de mí, pecador*» al inhalar. El obispo ortodoxo griego Kallistos Ware dice que, en esta oración, una breve frase unifica cuatro hilos integrales: el clamor por misericordia, la disciplina de la repetición, la búsqueda de la quietud y la veneración (adoración y alabanza) del Santo Nombre[6]. ¡Todo esto en diez palabras!

Al orar, buscamos gozarnos en la misericordia; aprendemos

la disciplina de la repetición; logramos un enfoque, hallamos el silencio y veneramos el hermoso nombre de Jesucristo. Por supuesto, no tienes que usar las palabras de la Oración de Jesús; puedes buscar muchos versículos bíblicos inspiradores o incluso componer tus propias frases que te ayuden a concentrarte. En la antigua tradición, una vez que los monjes habían perfeccionado la oración de respiración, pronunciaban una sola palabra repetidamente. Puedes utilizar estas sencillas oraciones en cualquier lugar, lo que te permite orar con facilidad y percibir la presencia de Dios dondequiera que estés.

La postura

Es útil recordar que somos sistemas integrales: lo físico y lo espiritual no están del todo separados. Nuestra postura en un tiempo devocional puede tener un gran impacto. A menudo me levanto y camino por la habitación durante un tiempo de oración; la postura de estar de pie y moviéndome me ayuda a concentrarme. Para algunas personas, caminar mientras oran es de tanta utilidad que incluso les resulta mejor salir y hacerlo al aire libre. Si tengo problemas particulares con la distracción, suelo arrodillarme para poder concentrarme. Creo que ya entiendo por qué las personas juntan las manos para orar; al menos evita que nos movamos. Es bueno considerar cómo estamos sentados (o cómo estamos de pie, arrodillados o caminando) tanto como *dónde* estamos sentados, o de pie, arrodillados o caminando.

Una combinación útil de postura y práctica táctil es un

ejercicio de oración que practico en el gimnasio. Me gusta levantar pesas (ya sabes... no son grandes), y cuando hago la prensa de banco con dos pesas en las manos, le doy a cada pesa el nombre de cada uno de mis dos hijos. Cuando levanto las pesas, elevo a mis dos hijos hacia Dios simbólicamente y en oración. Sin duda, alguien más creativo y en mejor estado físico que yo podrá idear otros ejercicios de oración para el gimnasio.

Resumen

Con frecuencia, me enfrento a la batalla de la distracción. Creo que es una lucha para todos, ¡incluso para los monjes! La distracción llega en un buen día, en un momento tranquilo, cuando la vida se siente equilibrada y estable. Las distracciones suelen aumentar en etapas de cambio. Cuando te incorporas a una nueva iglesia, cuando te mudas a un nuevo hogar, cuando comienzas tu carrera o haciendo cualquier otro cambio significativo en la vida, aparecen cada vez más ventanas que invitan mirar hacia afuera.

La distracción puede venir de una sensación genuina de estar cumpliendo algo en el reino de Dios: algún acto de servicio cristiano o un intento de, sencillamente, llevar una vida misional. Aun en estos casos, debemos cuidarnos de estar tan centrados en la construcción del reino que no nos tomemos el tiempo para sentarnos a los pies del Rey. Para sentarnos a sus pies, tendremos que desafiarnos a nosotros mismos con regularidad en cuanto a la distracción, y cerrar las ventanas que nos hacen perder nuestro enfoque en él.

Necesitaremos ser intencionales: intencionales con la ubicación, intencionales en la acción e intencionales en nuestra interacción con el Rey.

La próxima vez que ores y te enfrentes, inevitablemente, a una distracción, te animo a probar una o varias de las siguientes opciones:

- Nombra y domina tus distracciones para que no se apoderen de ti.
- Practica lo táctil: busca algo para tener en las manos mientras ores.
- Piensa en tu respiración: busca oraciones y frases que puedas repetir de forma rítmica para que te ayuden a tranquilizarte y concentrarte.
- Considera tu postura física.

En todo esto, ten en cuenta que no se trata de convertirnos en profesionales de la oración, sino simplemente, en palabras de Jesús, orar «a tu Padre, que está en lo secreto» (NVI).

CAPÍTULO 3

Las Escrituras

Los últimos años de mi adolescencia fueron turbulentos: intentaba superar la muerte de mi madre, pero no lo lograba. En varias ocasiones me metí en problemas con la policía y, finalmente, me condenaron a pasar una temporada en un albergue de libertad condicional, donde permanecí hasta comparecer por otro delito. Durante mi estadía allí, empecé a reconocer que estaba atrapado en un ciclo disfuncional que no conducía a nada bueno. Una mañana, tras una experiencia bastante caótica consumiendo drogas, reconocí por fin que había alcanzado mi límite: quebrantado, solo y atrapado. Tomé una Biblia que me habían regalado unos cristianos unas semanas antes y, sentado en la cama del albergue, hice una súplica honesta y sincera: *Dios, si eres real, sálvame*.

Dejé que las páginas de la Biblia cayeran al azar y leí estas palabras del libro de Isaías: «¡Escuchen! El brazo del Señor no es demasiado débil para no salvarlos, ni su oído demasiado sordo para no oír su clamor». Había orado: *Dios, si eres real, sálvame*, y en pocos instantes ¡leí la respuesta de Dios! Me saltó a la vista, me habló, me conmovió… y comencé a llorar. En ese momento, le devolví mi vida a Dios y me comprometí a seguirlo.

Esta tarde, unos treinta años después, me senté y sostuve esa misma Biblia, ahora una maltrecha pila de papeles. Es una de esas Biblias NVI baratas, de bolsillo y tapa blanda, que las iglesias guardan para regalar a visitas. En apariencia, no tiene nada de especial, pero encontré la vida entre sus páginas. Ese momento en el albergue permanecerá conmigo para siempre porque Dios sopló sobre su Palabra; cobró vida ante mis ojos y cambió el curso de mi existencia, ¡todo en un instante! El poder de este libro es extraordinario.

Una lámpara a nuestros pies

Muchos años después, fui invitado a dar una conferencia en una prisión en Londres. Uno de los miembros del equipo de capellanía me contó la historia de un hombre que había descubierto que las hojas finas de su copia del Nuevo Testamento tenían el papel perfecto para enrollar cigarrillos. Mi colega lo desafió a que al menos leyera cada página antes de fumarla. Cuando el hombre llegó al Evangelio de Juan, le entregó su vida a Jesús. Durante una pausa, hablé con otro preso que nos recitó el único versículo bíblico que recordaba.

En la charla que siguió, el orador citó ese mismo versículo; el hombre se dio vuelta y preguntó en voz alta si el orador leía mentes. Presos y sacerdotes, ganadores y perdedores, reyes y mendigos, todos han sido impactados por el poder de la Biblia, por lo cual es denominada como —acertadamente, en mi opinión— la Palabra de Dios.

Hay dos cosas que todo tiempo devocional necesita: la oración y la Biblia. Estas dos cosas son inseparables. En los Salmos leemos: «Tu palabra es una lámpara que guía mis pies y una luz para mi camino» (Salmo 119:105), y he llegado a la conclusión de que te costará mucho tener un tiempo devocional fructífero si no incluyes algo de lectura bíblica. Debes acercarte a la Biblia con oración, y debes acercarte a la oración con la Biblia. El orden no importa; yo a veces leo antes de orar, a veces después, pero la Biblia está siempre cerca de mí mientras oro.

Gandhi, un hombre de fe hindú, dijo: «A todos los cristianos se les ha dado un texto, un texto que tiene el poder dinámico para que la civilización humana estalle en mil pedazos, para poner el mundo al revés y traer la paz a un planeta desgarrado por la guerra. Sin embargo, ustedes la consideran como una obra literaria, nada más»[1]. Tal vez estaba generalizando, pero entiendo lo que quería decir. Sin lugar a duda, es importante leer los textos sagrados de nuestra fe en su totalidad si en realidad nos tomamos en serio el crecimiento de nuestra fe. Necesitamos darle peso a la Biblia en nuestra vida, permitir que nos desafíe, nos inspire, nos dé forma a nosotros y a nuestra manera de vivir. Entonces tenemos que leerla. Tu espacio privado de oración puede convertirse en el mejor lugar para estudiar la Biblia.

La Biblioteca Pública de Nueva York alberga una Biblia de Gutenberg; el primer libro importante que se imprimió en Occidente, un libro asombroso y de valor casi incalculable. Se dice que cuando el libro llegó a Nueva York en 1847, al pasar por la aduana, todo el mundo se puso de pie y se quitó el sombrero en señal de respeto por este extraordinario libro.

En las sinagogas judías, la gente se pone de pie para leer las Escrituras. Los rabinos permanecen sentados para dar un sermón, pero se levantan para leer las Escrituras. Jesús hizo lo mismo; leemos en Lucas 4:16 que «cuando llegó a Nazaret, la aldea donde creció, fue como de costumbre a la sinagoga el día de descanso y se puso de pie para leer las Escrituras». La tradición hebraica guardaba un respeto absoluto por las Escrituras. Cuando me acerco a las Escrituras, metafóricamente me quito el sombrero y me pongo de pie en señal de respeto por lo que tendré en mi regazo, junto a mi café.

Para los cristianos, la Biblia es donde a menudo encontramos las respuestas que buscamos. Y, sin embargo, hay tantas preguntas que pueden preceder nuestra lectura de las Escrituras e impedirnos siquiera comenzar a hacerlo.

¿Y si es aburrido?

Guardo un genuino respeto por la Biblia, pero admito que ha habido momentos en que su lectura me ha resultado ardua y, ¿me atrevo a decirlo?, aburrida. Si nos acercamos a la Biblia y esperamos que nos ponga los pelos de punta cada vez que la leamos, nos sentiremos decepcionados.

Tal vez sea posible experimentar una revelación profunda cada vez que la lees, pero no quiero que nadie viva con la ilusión de que todos los que recomiendan la lectura de la Biblia pasen un momento de maravillosa profundidad cada vez que indagan en las antiguas Escrituras. Hay días en los que tienes prisa, la leche que echas en tus cereales resulta estar cortada o te quedas dormido. Aun así, he aprendido que necesito dedicarle a la Biblia un tiempo constante y regular, y abordar su lectura con una buena actitud.

¿No me hará religioso?

He oído a algunas personas hacer esta pregunta, es decir: *No quiero que esto se convierta en una rutina aburrida y sin vida, algo que hago por obligación*. Me temo que, a veces, esto solo encubre una resistencia a comprometerse con una rutina. Hay muchas otras cosas que sabemos que debemos incorporar en nuestra rutina para lograr ciertos resultados que son importantes para nosotros.

Creo que la palabra *religioso* nos asusta debido a la forma negativa en que muchas veces se emplea. En realidad, el origen y el significado de la palabra es algo «que se relaciona con o manifiesta una devoción fiel a una realidad o deidad suprema reconocida»[2]. Si eso es lo que significa *religioso*, ¡yo quiero ser religioso! Quiero dedicarme fielmente a Dios. Quiero dedicarme fielmente a conocerlo y crecer en mi comprensión de él, y me parece que esto vendrá a través de la oración y la lectura de la Biblia.

¿Qué versión debo leer?

Existen más de cuatrocientas traducciones diferentes de la Biblia al inglés. Leo distintas versiones de vez en cuando porque me aportan una perspectiva nueva. Si siempre lees la misma versión, puede ser fácil repasar pasajes conocidos en modo de piloto automático. La versión *The Message* (El Mensaje) puede ser un buen punto de partida porque se ha invertido mucho estudio y cuidado en su redacción para que sea muy relevante al lector actual. Luego, creo que deberíamos avanzar a versiones más detalladas, de mayor peso, y asegurarnos de pasar tiempo con una traducción fiel al idioma original en lugar de una parafraseada. Las Biblias de estudio con notas pueden ser útiles para una mayor comprensión.

Leas la que leas, a mí me ayuda usar un resaltador fluorescente y también tomar notas para repasar todo más tarde. No tengas miedo de escribir por toda tu Biblia, ¡pero no quites nada!

¿Cómo debo abordar la lectura de la Biblia?

Antes de ocuparte de los aspectos prácticos en el lugar correcto, coloca tu cabeza en el lugar adecuado. Cuando recuerdo mi experiencia en el albergue de libertad condicional, sé que en aquel momento mi mente estaba en el lugar adecuado: estaba desesperado. Si tuviera que utilizar el lenguaje de los Salmos, diría que estaba sediento y hambriento, reseco y desnutrido.

Hice una oración breve, de una sola frase, desafiando en desesperación a Dios a que me demostrara que era real. Quizás si siempre nos acercáramos a la Biblia con sed, hambre y oración, seríamos alimentados y refrescados en cada lectura.

Independientemente de cómo leamos la Biblia en nuestro tiempo devocional, debemos hacerlo en oración. El predicador victoriano Charles Haddon Spurgeon expresó lo siguiente sobre los comentarios bíblicos:

> Los comentaristas son buenos instructores, pero el Autor mismo es mucho mejor que ellos. La oración le eleva una súplica directamente a él y obtiene su ayuda en nuestra causa. Es una gran cosa abrirse paso mediante la oración hacia la esencia y médula de un texto, adentrándose en él de ahí en adelante mediante la alimentación sagrada, así como el gusano perfora su camino hacia el corazón de la nuez. La oración actúa como una palanca para el levantamiento de verdades pesadas[3].

Me encanta eso: «La oración actúa como una palanca para el levantamiento de verdades pesadas». Cuando leo, intento entrar por la puerta de la quietud del Salmo 46:10, y también utilizo el antiguo refrán que Samuel pronunció en el tabernáculo cuando Dios le habló: «Habla, SEÑOR, tu siervo escucha» (1 Samuel 3:10, PDT). Si te cuesta entender lo que lees, ora. Pídele a Dios que te ilumine el texto, te hable, te revele el misterio. A veces, esto puede llevar días. Algunos versículos que tú lees pueden resultar difíciles de entender; a través de la oración puedes introducirte en el texto. Intenta convertir el versículo en una oración; a veces escribo un versículo o intento reescribirlo con mis propias palabras para ver si eso ayuda a iluminar las Escrituras. O lo repito en voz alta unas cuantas veces para decírselo a Dios.

En la práctica, ¿cómo debo leer la Biblia?

Seamos sinceros: leerás la Biblia durante años y años, así que será útil explorar diferentes métodos y enfoques de lectura. Muchas personas utilizan aplicaciones o programas de lectura para ayudarlos a leer la Biblia en un año, ¡y las recomiendo de todo corazón! *La Biblia en un año* de Nicky Gumble es de gran ayuda para cualquiera que busca desarrollar un hábito sano y regular de lectura bíblica.

Un principio básico es este: si lees cuatro capítulos de la Biblia todos los días, leerás la Biblia completa en un año. Esto representa un promedio de quince minutos cada día dedicados a leer la Biblia, o a escucharla, si esa es tu preferencia[4]. Los estudios indican que pasamos un promedio de 147 minutos por día en las redes sociales. Si te pones a hacer cuentas, verás que eso es diez veces más que la cantidad de tiempo necesario para leer la Biblia en un año[5]. Una vez me desafié a leer dieciséis capítulos al día para poder leer la Biblia completa en solo tres meses. Fue un buen desafío y, para cumplirlo, en realidad tuve que reducir mi consumo de redes sociales. Consideré intentarlo por segunda vez, pero esta vez sentí que el Señor desafiaba mi actitud, diciéndome: *¡No es una competencia, Brian!*

Una pregunta que suelo escuchar es: *«Si lees tanto, ¿qué provecho le puedes sacar?»*. Una pregunta que conlleva algo más que una buena dosis de pensamiento consumista. Mi amigo Phil la compara con otras rutinas saludables. Dice: «No recuerdo qué desayuné el martes pasado, pero me hizo bien». Intento desayunar sano todos los días porque me hace bien; deberíamos leer la Biblia todos los días porque nos hace bien.

Lee libros de una sola sentada

Otra buena opción sería leer libros enteros de la Biblia de una sola vez. Marcos es el Evangelio más corto, de apenas dos horas de lectura. Si tuviera que leer un Evangelio entero en una sola lectura, comenzaría por Marcos. En realidad, cuando fue enviado a la iglesia en Roma alrededor del año 64 d. C. como el primer Evangelio de la historia, la intención era que ese se leyera en voz alta en la comunidad. Todavía me maravilla el hecho de que aquellos cristianos romanos fundaran una iglesia y estuvieran dispuestos a morir por su fe bajo la persecución de Nerón ¡sin tener siquiera un Evangelio en sus primeros años!

Lee despacio

Algunas personas se sienten naturalmente atraídas por la lectura lenta. Yo también he adoptado el método de leer un capítulo al día, lo cual claramente ralentiza el proceso. Suelo hacerlo con un comentario a mano. Los comentarios son muy fáciles de descargar y bastante económicos de comprar, sobre todo si te conformas con ejemplares de segunda mano. Así, por ejemplo, si estás leyendo Génesis, puedes encontrar un comentario de alguna persona juiciosa que desentrañe Génesis, y leerlo como complemento del libro. Esto puede ser muy esclarecedor y aportar muchas ideas nuevas porque los comentaristas suelen explicar el contexto cultural e histórico de un modo que nosotros no conocemos de antemano.

Léelo tú mismo antes de consultar comentarios o notas de estudio

Me encantan las Biblias de estudio, pero repito: creo que es mejor que leas un pasaje tú mismo y reflexiones para formar tus propios pensamientos sobre lo que está diciendo antes de ir a un comentario o a las notas en tu Biblia de estudio. Hacerlo así permite que la Palabra viva y activa trabaje en ti antes de recibir la interpretación de otra persona. Por momentos, me siento reafirmado cuando leo un pasaje de las Escrituras y luego descubro que el comentarista ¡tuvo los mismos pensamientos que yo!

Resumen

El artista estadounidense Andy Warhol comentó una vez: «No importa lo lento que vayas siempre y cuando no te detengas»[6]. Creo que esto se aplica a la lectura bíblica. No te detengas, no le des tantas vueltas al asunto cuando te saltes unos días, no imagines que Dios está enfadado ni pienses que está frustrado contigo. La clave es seguir adelante, aunque progreses poco a poco. Leer la Biblia no es un ejercicio de «marcar casillas»; se trata de pasar tiempo con la verdad, descubrir poco a poco y crecer en relación con Aquel a quien amamos.

La próxima vez que leas la Biblia, ten en cuenta uno o varios de los siguientes puntos:

- Ora antes de leer.
- Encuentra lo que funcione mejor para ti: la hora, el lugar, cuánto leerás cada día.
- Intenta leer un libro entero de una sentada (como Marcos). En lugar de buscar unas pocas frases significativas, intenta llevarte una impresión general.
- Escucha una versión en audio de la Biblia mientras conduces o haces ejercicio.
- Compra o descarga un plan de lectura de la Biblia en un año.
- Busca sermones, comentarios y libros de estudio en línea sobre el texto que estás leyendo.
- Toma un bolígrafo y no tengas miedo de escribir en el Libro (pero no taches las Escrituras).

CAPÍTULO 4

Memorizar y meditar

Cuando era pequeño, tuvimos un ritual un poco extraño durante un tiempo. Mi padre nos pedía a mis hermanos y a mí que memorizáramos un versículo de la Biblia cada día antes de ir a la escuela. Si recordábamos el versículo al llegar a casa, ¡nos recompensaba con caramelos! Es probable que tuviera unos cinco años y, hasta la fecha, recuerdo las palabras de muchos de esos versículos, pero no recuerdo qué caramelos comí.

En la escuela dominical, jugábamos otro juego diseñado para ayudarnos a encontrar nuestro camino en la Biblia. Se llamaba «Espadas en alto», en referencia a Hebreos 4:12, que dice: «La palabra de Dios es viva y poderosa. Es más cortante que cualquier espada de dos filos; penetra entre el alma y el espíritu, entre la articulación y la médula del hueso. Deja al descubierto nuestros pensamientos y deseos más íntimos». El líder daba la orden: «¡Saquen sus espadas!» (no es tan peligroso como suena), y todos levantábamos nuestras Biblias —nuestras espadas— en el aire. Entonces daba una referencia bíblica y, de repente, gritaba: «¡Al ataque!», nuestra señal para buscarla frenéticamente en nuestras Biblias. El ganador era el primero en ponerse de pie y leer el versículo en voz alta. ¡Me encantaba! Y al mirar atrás, también me encanta que nos enseñaran a recordar pasajes bíblicos.

Los versículos bíblicos que se han implantado en mi mente y corazón a través de «Espadas en alto» y la memorización de versículos me han acompañado por la vida. Esos versículos me han seguido a todas partes, casi persiguiéndome en mis días oscuros, y dándome alegría cuando encontraba el camino de regreso a Dios.

Memoriza

Mi mujer sabe decir: «Había una joven pastorcilla» en francés gracias a una canción que tuvo que cantar en la escuela. ¿Cuántos de nosotros todavía cantamos el abecedario en nuestra cabeza cuando necesitamos encontrar algo archivado alfabéticamente? Podría haber toda una generación de niños que todavía cantan el feliz cumpleaños cuando se lavan las manos porque eso es lo que les enseñaron a hacer durante la pandemia de COVID-19. La repetición constante inculca cosas en nuestra memoria a las que podemos acudir con facilidad. Cantar parece ser muy útil para esto; es una de las razones por las que me encantan las canciones de adoración que incluyen porciones de las Escrituras. Creo que es importante aprender de memoria el texto sagrado de las Escrituras.

En la era del GPS y los teléfonos inteligentes, parece que nuestras memorias están cambiando. La investigación de un psicólogo de la Universidad de Columbia demuestra que:

> Desde la aparición de los sistemas de búsqueda, estamos reorganizando nuestra forma de recordar las cosas. Nuestro cerebro depende de la Internet para recordar de la misma manera que depende de la memoria de un amigo, un familiar o un colega. Recordamos menos a través del conocimiento de la información en sí que a través del conocimiento de dónde podemos encontrarla[1].

El acceso instantáneo a la información hace que sea menos importante recordar cosas. Un término para esto es *amnesia digital*. En lugar de almacenar la información en nuestra memoria, recordamos dónde podemos encontrarla, y cada vez más, eso ocurre en línea. Se ha dicho que cuando las personas pierden sus móviles o no pueden acceder a la Internet, ¡a veces sufren el mismo nivel de ansiedad asociado a la pérdida de un amigo!

En lo personal, me encantan mis dispositivos, pero ¡mira cuánto dependemos de ellos! Si voy a visitar a alguien hoy en día, solo le pido su dirección. En el pasado, llamaba para que me indicara cómo llegar y anotaba minuciosamente todas las instrucciones. Después de un par de visitas, ya recordaba el camino. Cuando nuestros hijos eran pequeños, pasamos varias vacaciones en Francia y nos guiábamos con un mapa de carreteras impreso. Hoy en día, viajo por todo el país y no sabría decir cómo llegué a mi destino, y sin GPS, ¡no podría encontrar el camino de regreso! No digo que eso esté mal, simplemente sucede que hoy confío en la guía de mi dispositivo y no en mi memoria.

Hace unos años, mi esposa y yo viajamos a Borneo, donde visitamos a una tribu de excazadores de cabezas en lo más profundo de la selva tropical impenetrable. En un lugar increíblemente aislado, sin acceso a Internet ni señal telefónica, a menudo nos movíamos por instinto para mostrarle a alguien una foto de las redes sociales y luego nos dábamos cuenta de que, sin señal, no podíamos. Nuestros dispositivos no solo han sustituido nuestras memorias, sino que también se han hecho parte de nuestras conversaciones.

Ya no necesitamos conocer el camino como solíamos hacerlo antes, pero a veces, cuando el dispositivo no está disponible, resulta importante que aún podamos encontrar el camino. Yo uso la Biblia en mi móvil muy a menudo, pero eso no sustituye el guardar la Palabra de Dios en mi corazón. Como describe el escritor en el Salmo 119:11: «He guardado tu palabra en mi corazón, para no pecar contra ti». ¿Cómo guardamos su Palabra en nuestro corazón?

Cuando hablamos del corazón, nos referimos a quiénes somos en esencia. La mayoría de las veces que la Biblia menciona al *corazón*, ¡significa mucho más que el órgano muscular miogénico que se encuentra en todo mamífero! El erudito en griego, Dr. Gleason Archer, explicó que los griegos entendían el *corazón*, o *kardía*, como «el "productor de deseos que nos pone en marcha" y la fuente de cada "decisión-deseo" que tenemos, los cuales establecen quiénes somos en verdad»[2]. El profesor William Thayer describió esta visión griega del corazón como «la fuente y origen de pensamientos, pasiones, deseos, apetitos, afectos, propósitos y esfuerzos»[3]. Nuestro corazón podría describirse como el centro de lo que somos, el lugar de donde proviene nuestro propósito, donde encontramos nuestra identidad y donde nutrimos nuestros valores. Es aquí donde necesitamos memorizar y guardar la Palabra de Dios.

¿Cuál es el versículo que te ayuda a atravesar la tormenta?
Marcos 4 relata una gran historia en la que Jesús y sus discípulos cruzan el mar de Galilea en una barca. Se desata una gran tormenta y, sorprendentemente, un grupo de pescadores experimentados entra en pánico, lo que indica que esta es una situación alarmante. Despiertan a Jesús, quien lejos de estar asustado, estaba dormido. Él se levanta y ordena: «¡Cálmese! ¡Quieto!» (Marcos 4:39, PDT). La tormenta se calma al instante, y entonces Jesús reprende a sus discípulos por no tener suficiente fe. Me he preguntado sobre esa reprensión; parece un poco duro regañar a personas que claramente habían estado aterrorizadas. Me pregunto si los reprendió porque les había dicho: «Crucemos al otro lado del lago» (Marcos 4:35). Esta era una declaración del Hijo de Dios y, por lo tanto, era la Palabra de Dios. De hecho, la primera parte del mismo capítulo se centra en la idea de la Palabra de Dios.

Hace muchos años, escuché al renombrado cristiano John Wimber hablar sobre esta historia. Él planteó que tal vez Jesús reprendió a los discípulos por su falta de fe porque se olvidaron de la Palabra de Dios o del poder de Aquel que habló. En medio de una tormenta, los discípulos olvidaron lo que era importante: olvidaron que, si Jesús decía: «Crucemos al otro lado del lago», eso era lo que iba a suceder. No habían guardado su palabra en sus corazones; habían olvidado lo que él les había dicho.

Cuando llegan los problemas, cuando estallan las tormentas, es muy importante tener la Palabra de Dios en nuestra vida. ¿Qué versículos bíblicos hemos memorizado para poder acudir a ellos cuando llegan las tormentas? Cuando estoy despierto por la noche, preocupado o ansioso, ¿qué versículos puedo traer a la mente para tener paz y calma?

En una pared de la casa de mis padres hay un impreso antiguo con el versículo que dice: «Y sabemos que a los que aman a Dios, todas las cosas les ayudan a bien, esto es, a los que conforme a su propósito son llamados» (Romanos 8:28, RVR60). Sé que esto fue un sostén para mi padre cuando perdió a su primera esposa, mi madre, como resultado del cáncer. Estas palabras también me han sostenido a mí en momentos en los que la vida no parecía ir como esperaba.

Cuando nos trasladamos a España como misioneros, no teníamos ingresos fijos. Hubo momentos en que sentíamos la presión financiera y pudimos sentir un poco de miedo. Entonces recordábamos Mateo 6:25, que dice: «Les digo que no se preocupen por la vida diaria, si tendrán suficiente alimento y bebida, o suficiente ropa para vestirse. ¿Acaso no es la vida más que la comida y el cuerpo más que la ropa?». Este se convirtió en nuestro versículo para la tormenta.

Necesitarás varios versículos que te ayuden a afrontar las tormentas de la vida. Si están guardados en tu corazón, te sostendrán y fortalecerán. Dios dice:

> La lluvia y la nieve descienden de los cielos
> y quedan en el suelo para regar la tierra.
> Hacen crecer el grano,
> y producen semillas para el agricultor
> y pan para el hambriento.
> Lo mismo sucede con mi palabra.
> La envío y siempre produce fruto;
> logrará todo lo que yo quiero,
> y prosperará en todos los lugares donde yo la envíe.
>
> ISAÍAS 55:10-11

La Palabra de Dios no vuelve vacía.

Elige algunos versículos y empieza a memorizarlos. Con frecuencia, en mi tiempo devocional, reescribo de memoria una y otra vez un versículo para llegar a conocerlo. Hace poco, memoricé Romanos 15:13: «Le pido a Dios, fuente de esperanza, que los llene completamente de alegría y paz, porque confían en él. Entonces rebosarán de una esperanza segura mediante el poder del Espíritu Santo». Cuando escribía en medio de la pandemia global, este fue mi versículo de esperanza para aquella tormenta.

En la contraportada de la mayoría de las Biblias hay guías de versículos clave, o incluso puedes buscar en Google: «Diez versículos más importantes para memorizar». Intenta memorizar uno por la mañana y comprueba si puedes recordarlo por la noche.

Medita

¿Qué significa para ti la palabra *meditación*? Algunos la consideran espiritualmente peligrosa o la descartan como algo que no es para ellos. En realidad, la meditación tiene profundas raíces en la fe cristiana. El Salmo 1 sienta un precedente para los cristianos respecto a la meditación. Originalmente escrito para animar a los hijos de Israel a meditar en la Palabra de Dios, este salmo sencillo revela que hay vida y plenitud para quienes meditan en la Palabra «día y noche».

> Qué alegría para los que
> no siguen el consejo de malos,
> ni andan con pecadores,
> ni se juntan con burlones,
> sino que se deleitan en la ley del Señor
> meditando en ella día y noche.
> Son como árboles plantados a la orilla de un río,
> que siempre dan fruto en su tiempo.
> Sus hojas nunca se marchitan,
> y prosperan en todo lo que hacen.
>
> SALMO 1:1-3

La palabra *meditar* que se utiliza en este salmo denota una «rumiación verbalizada», un murmullo suave como el arrullo repetitivo de una paloma[4]. La misma palabra se asocia con el acto de masticar. Esto es rumiar, es decir, el proceso por el cual una vaca come hierbas de tal manera que le permite extraer todos los nutrientes. Quizás sea más fácil imaginarlo como cuando saboreamos un caramelo duro poco a poco, en lugar de masticarlo: al saborearlo lentamente, permitimos que todos los sabores cubran nuestra boca y lo degustamos por completo. A veces, en mi lectura bíblica diaria, avanzo a mordidas por el texto en vez de detenerme a meditar y absorber la plenitud del sabor de lo que estoy leyendo.

Por lo tanto, la meditación no significa vaciar la mente, como algunos temen, sino llenar la mente y los pensamientos de la Palabra de Dios. Repetir la Palabra de Dios, como el murmullo de una paloma, permite que la Biblia penetre plenamente en nuestros sentidos y se arraigue en nuestro corazón. Podemos meditar en la Palabra de Dios mediante la simple repetición de una frase, pasaje o versículo bíblico.

Otra forma de experimentar de verdad cómo la Biblia se arraiga en el corazón es con la práctica de *lectio divina*, que, traducido del latín, simplemente quiere decir «lectura divina». Los pioneros de la iglesia primitiva practicaban esta forma de adentrarse en el texto y permitir que el texto se adentrara en ellos. Esta valiosa y antigua práctica consiste en leer las Escrituras para encontrarse con Dios. No se trata tanto del tipo de exploración teológica profunda y disección del texto que se suele llevar a cabo para un estudio bíblico.

La *lectio divina* incluye cuatro movimientos: *leer*, *meditar*, *orar* y *actuar*. Entra en este tiempo por la puerta del Salmo 46:10, la cual exploramos en el primer capítulo: «¡Quédense quietos y sepan que yo soy Dios!».

1. *Lee*. Lee el pasaje de forma lenta y pausada. Léelo más de una vez, quizás tres o cuatro veces. Intenta darte una idea de lo que ocurre y de quién está hablando. Tómate tu tiempo.
2. *Medita*. Piénsalo, dejando que se vaya filtrando el sabor del texto. No intentes insertar demasiado significado al principio; reflexiona sobre ello y observa lo que Dios trae a la superficie. Acércate en oración, pidiendo al Espíritu Santo que te acompañe, confiando en que llegará la iluminación. No te apures. Reflexiona, examina, considera.
3. *Ora*. Has dejado que Dios te hable a través del texto; ahora te toca hablarle a él. Inicia una conversación sencilla con él sobre lo que acabas de leer: explícale cómo te ha hecho sentir; qué has notado mientras leías.
4. *Actúa*. Identifica cómo podrías responder. A veces se trata de emprender una acción concreta. A veces, hay que abordar un cambio de actitud o un patrón de comportamiento. Otras veces, será simplemente una reafirmación para que continúes por el camino que ya has decidido seguir.

Esta es una forma sencilla de acercarte a la Biblia y te ayudará a guardar la Palabra de Dios en tu corazón. Lectio 365 es una aplicación desarrollada por Oración 24-7 que fue diseñada para ayudar a las personas a realizar este recorrido con las Escrituras cada día. Para ello, empleamos el acrónimo *ORAR*, el cual es muy similar al proceso anterior: *Observar* (parar para estar quieto), *Regocijarse* y reflexionar en las Escrituras, *Apelar* (pedirle ayuda a Dios) y *Rendirse* a su voluntad. ¡Lo recomiendo de todo corazón!

Resumen

La memorización y la meditación van muy bien de la mano y a menudo se combinan entre sí. Al memorizar las Escrituras, meditamos en ellas. Al meditar en las Escrituras, las memorizamos. Aquí ofrezco algunos pasos sencillos para comenzar.

- Elige un versículo bíblico para memorizar esta semana al comienzo del día. A ver si puedes recordarlo a la noche. ¡Recompensarse con caramelos es opcional!
- Escribe una frase, un pasaje o un versículo de la Biblia en una nota adhesiva y pégala en algún lugar donde la veas varias veces a lo largo del día: en tu móvil, en la pantalla de tu computadora, en el espejo del baño, en la puerta del refrigerador o en el coche: en cualquier sitio destacado. Cada vez que la veas, tómate un momento para meditar en ella.

- Dedica treinta minutos en un tiempo devocional de esta semana a practicar la *lectio divina* como se ha descrito anteriormente.
- Nuestro equipo de Oración 24-7 intercambia «versículos de la semana» en nuestra reunión todos los viernes. Encuentra a alguien con quien puedas hacer lo mismo, ya sea en persona o de forma virtual. En realidad es tan sencillo como preguntarse unos a otros: «¿Cuál fue tu versículo de la semana?».

CAPÍTULO 5

Usar un diario

«A VECES ESTÁS más lejos que la luna / A veces estás más cerca que mi piel»[1].

La primera vez que escuché la letra de esta canción, quedé profundamente impactado. Me conmovió que alguien hubiera logrado poner en palabras lo que en realidad se siente relacionarnos con Dios. La valentía y la autenticidad de estos versos me atravesaron. La observación sincera de que a veces parece que Dios está cerca y otras veces parece que está lejos hizo eco de mi propia experiencia. En aquel momento, esas letras eran nuevas y frescas para mí, pero cada vez estoy más consciente de que los músicos, los poetas, los autores, los pioneros de la iglesia e incluso los escritores de la Biblia han estado empleando este tipo de honestidad durante años. Y eso fue exactamente lo que me impactó de esta canción: su honestidad.

Más de veinte años después, a la edad de cuarenta y nueve años mientras ocupaba un puesto alto de liderazgo cristiano, logré poner en palabras delante de Dios cómo me sentía en realidad con una frase igual de honesta. En una entrada de mi diario, solo pude encontrar seis palabras para describir el tipo de mes que había tenido y una de ellas fue un insulto. La frase que escribí nunca aparecería en una canción de alabanza y ¡de ninguna manera se cantaría en una reunión dominical! Estaba atravesando dificultades con mi salud mental, y los proyectos en los que trabajaba me estaban resultando engorrosos, pesados y un poco agotadores. Estaba viviendo algunas tensiones interpersonales, viajaba mucho, estaba cansado y comía demasiado. Cuando me senté a escribir mi oración a Dios en mi diario, esa frase fue todo lo que salió. ¡Incluso me pone nervioso ponerla aquí!

Yo creo que necesitamos entender que Dios sabe lidiar con nuestra honestidad aunque la verbalicemos de formas poco refinadas. William Wordsworth resume esto muy bien cuando dice: «Llena tu papel con los suspiros de tu corazón»[2]. Así es como se sentía mi corazón en aquel momento, y se plasmó en la hoja de mi diario de esa manera tan cruda y básica. Exhalé mi quebranto; traté de dar voz al estado de mi corazón, confiando en que Dios podría lidiar con mi honestidad explícita. A veces lo único que podemos sacar es un grito gutural y salvaje, uno que sé Dios escuchará. Él ya conoce nuestro corazón, como nos dice 1 Samuel 16:7: «La gente juzga por las apariencias, pero el Señor mira el corazón». Él conoce nuestro corazón, lo que pensamos, sentimos y atravesamos. Creo que es útil y terapéutico acceder a nuestro corazón y expresar lo que nos pasa mediante la palabra escrita. Esta es la práctica de llevar un diario.

Tal vez hayas escrito en un diario durante mucho tiempo o tal vez nunca hayas pensado en incorporarlo a tus prácticas espirituales. Escribir un diario, en el contexto de un tiempo devocional, es la práctica de procesar nuestros pensamientos y conectarnos con Dios mediante la escritura o el dibujo en un diario. La honestidad es la clave para escribir un diario; esta práctica no es para impresionar a otros.

¿Has leído alguna vez el Salmo 109? No aparece en muchos sermones ni se incluye en el leccionario. Es brutal, pero es honesto; nos da una idea de la ira, la frustración y la molestia de David con sus enemigos, pues describe las formas en las que le gustaría que Dios tratara a sus enemigos.

> Consigan a un malvado para que se ponga en su contra;
> envíen a un acusador para que lo lleve a juicio.
> Cuando llegue el momento de juzgar su caso,
> que lo declaren culpable.
> Tomen como pecados sus oraciones.
> Que sean pocos sus años;
> que otro tome su lugar.
> Que sus hijos queden huérfanos de padre,
> y su esposa quede viuda.

Que sus hijos vaguen como mendigos
y que los echen de sus hogares destruidos.
Que los acreedores se apoderen de toda su propiedad,
y que los extraños se lleven todo lo que ha ganado.
Que nadie sea amable con él;
que ninguno tenga piedad de sus hijos sin padre.
Que toda su descendencia muera;
que el nombre de su familia quede borrado en la próxima generación.

SALMO 109:6-13

Como lo expresó una vez un amigo mío: ¡la Biblia es más honesta sobre la oración que la mayoría de las iglesias!

No sabemos si Dios efectivamente respondió a la oración de David e hizo lo que pedía, pero aprecio mucho que la Biblia incluya oraciones con este nivel de honestidad brutal. Me da risa cuando intento imaginarme a alguien orando algo como el Salmo 109 en una reunión de oración; la gente se preocuparía, y es probable que alguien buscara tener una charla con él o ella sobre el perdón. Este tipo de oraciones se expresan mejor en un diario que en un espacio público, pero creo que el rey David nos muestra que no hay que andar con rodeos a la hora de revelar el estado real de nuestro corazón ante el Creador del cielo y de la tierra.

Inicios pequeños

Mi primer diario fue un libro muy pequeño (de diez centímetros cuadrados) que compré en 1996. Y aunque no tienes que usar un libro que sea literalmente pequeño en tamaño, creo que los inicios pequeños son mejores en este caso, en especial si la idea te resulta un poco extraña o abrumadora. Cuando empecé a escribir un diario, anotaba algunos versículos bíblicos o una oración y luego apuntaba algunos pensamientos sobre el ministerio con jóvenes que dirigíamos en ese momento. Me resultó muy útil para procesar lo que estábamos haciendo con los jóvenes y también para tomar algo de consciencia sobre cómo me iba a nivel personal y en el liderazgo. Era sencillo, con muchas frases cortas y oraciones de una sola línea. Ese inicio pequeño ha evolucionado naturalmente hacia una escritura mucho más desarrollada y, aunque no hay reglas estrictas, muchas de las prácticas que te presento en este libro se verán reforzadas en gran manera si escribes un diario.

¿Qué deberías utilizar?

Durante años, mientras vivía en Ibiza, escribía un blog que era en realidad mi diario. Mirando hacia atrás, puedo ver que a veces lo trataba como si fuera mi diario personal, escribiendo con franqueza y sin filtros; otras veces, estaba consciente de que la gente lo leía y empecé a ser un poco más reservado. Está bien usar los medios digitales para llevar un diario, pero puede representar una presión innecesaria si lo haces público. Del mismo modo, la inmediatez de escribir un diario en un móvil o una tableta tiene sus ventajas, pero una desventaja es la distracción de los nuevos mensajes que llegan mientras intentas concentrarte.

Por mi parte, creo que puede ser útil escribir en un libro físico. Se siente algo refrescante alejarme de la pantalla y usar un bolígrafo o un lápiz sobre el papel. Compro la mayoría de mis diarios en tiendas de caridad y de segunda mano, lo que puede resultar un poco bizarro, pues de vez en cuando compro un cuaderno en el que alguien ya ha escrito algunas páginas. También me gusta que, cuando escribo en papel, no haya ningún botón para borrarlo; mis pensamientos quedan registrados sin editar, sinceros y en crudo. Sea cual sea el medio que elijas para escribir tu diario, ten en cuenta que no tiene por qué ser complejo. No importa si es un documento básico de Word, un sencillo cuaderno de apuntes o un diario de cuero cosido a mano.

¿Cuándo deberías escribir un diario?

En lo personal, intento escribir a diario, lo cual puede ser muy útil cuando estás intentando convertirlo en un hábito. A largo plazo, no siempre sentirás la necesidad de escribir todos los días. En mi propia experiencia, viene en etapas. Algunas personas sienten que una entrada diaria no es lo ideal y prefieren escribir algo más largo, quizás una vez a la semana. Otras personas escriben al final del día para procesar todo lo que ha sucedido; otras prefieren hacerlo al principio de la jornada. Independientemente de la hora del día, tampoco existen criterios gramaticales ni de contenido por las que se evalúe tu diario. No importa si escribes una entrada de una sola frase o un monólogo épico de veinte páginas. Tu estilo literario tampoco es importante. Solo se trata de escribir algo.

¿A quién lo dirijo?

Cuando escribo en mi diario como parte de mi tiempo devocional, suelo escribir como si me dirigiera a Dios, lo que lo convierte en una oración. En otras ocasiones, estoy procesando pensamientos, copiando citas o anotando algo que he leído o escuchado, y no siento que parezca una oración. Más bien, me estoy escribiendo a mí mismo, tratando de darle sentido a mi mundo, pero siempre trabajo según la premisa de que Dios está viendo lo que escribo y guiándome en ello.

¿Sobre qué debería escribir?

Anota versículos bíblicos

Me resulta beneficioso escribir versículos bíblicos. Es otra herramienta útil para memorizarlas, y tomarte tiempo para escribir también te permitirá detenerte y pensar en las palabras. A veces subrayo el versículo en mi Biblia y lo escribo en mi diario. A veces detecto un tema que va surgiendo en mi lectura bíblica a lo largo de varios días; esto llama mi atención y me pregunto qué es lo que Dios está tratando de decirme.

Me fascina la cantidad de veces que he escrito un versículo en mi diario y, luego, escucho que alguien predica o comparte el mismo versículo en una reunión. Cuando esto sucede, vuelvo a esa entrada en mi diario y me fijo de nuevo en lo que Dios podría estar diciéndome. En 1 Samuel 3 se cuenta la historia de Dios hablándole al joven Samuel en el tabernáculo. Dios lo llama tres veces. Esto me muestra que Dios está feliz de repetir su mensaje. Escuchar el mismo tema expresado de diferentes maneras es porque el Señor muchas veces está siendo repetitivo para que escuchemos lo que está diciendo. Cuando anoto estas cosas, me resulta más fácil detectar esas repeticiones y reflexionar sobre la voz de Dios.

Escribe en tu Biblia

Para invertir el proceso por completo, puedes escribir en tu Biblia. Resulta muy útil subrayar versículos, escribir notas en el margen o insertar clarificaciones con tus propias palabras. Llevar este tipo de diario bíblico también sirve para poner fechas y horas junto a los versículos que te han hablado de manera especial o poner nombres de personas junto a versículos específicos, para orar. Incluso puedes comprar Biblias para llevar un diario, las cuales tienen márgenes en blanco, más anchos, diseñados para que escribas en ellos.

Explora y anota temas bíblicos

De vez en cuando me propongo ejercicios específicos. Por ejemplo: buscar todas las oraciones de Pablo registradas en la Biblia y escribir sobre cada una de ellas. Jesús hace muchas preguntas en los Evangelios; anótalas y añade tu análisis de lo que está preguntando y las respuestas que recibe. O identifica las asombrosas promesas que Dios hace a Abraham en el libro del Génesis y piensa en su significado y poder. Tales registros en tu diario te ayudarán a entender más sobre Dios y sobre ti mismo. Llevar un diario que incluya la *lectio divina*, la cual mencionamos en el capítulo anterior, funciona muy bien.

Escribe tus pensamientos

La escritura puede ayudarte a procesar tus emociones y aprender a comprenderte a ti mismo. Hace unos años, al revisar mi diario, me di cuenta de que había surgido un patrón. Observé que cada vez que volvía de un viaje al extranjero, me cuestionaba si estaba en el trabajo indicado. Durante tres días, pensaba: *¿Debería buscar servir al Señor de otra manera?* Pero al cabo de cinco días, dejaba de pensar así. Básicamente, estaba cansado de viajar, y pronto aprendí que después de un largo viaje al extranjero no era el mejor momento para considerar mi futuro. Un diario nos ayudará a detectar pensamientos y patrones contraproducentes en nuestra vida.

Practica la gratitud

Hay una tendencia cada vez mayor entre los blogueros que escriben diarios y se dedican al bienestar a animarnos a practicar la gratitud. Estoy de acuerdo por completo en que el agradecimiento mejora nuestro estado de ánimo y nos ayuda a cultivar la salud mental. En mi opinión, esta tendencia podría potenciarse al tener alguien *a* quien agradecer. Por eso yo aprovecho mi diario para expresarle mi gratitud a Dios. Hay un himno antiguo con esta letra:

> *Cuenta tus bendiciones, nómbralas una por una,*
> *Y te sorprenderá lo que el Señor ha hecho.*
> *Cuenta tus bendiciones, nómbralas una por una;*
> *Cuenta tus bendiciones, mira lo que Dios ha hecho*[3].

Un repaso de los años, los meses, las semanas o los días pasados te ayudará a ver la mano de Dios en tu vida y a incorporar la gratitud en tu tiempo devocional. Cuando te sientes particularmente negativo, un buen desafío es dedicar media hora a escribir sobre las cosas por las que estás agradecido. Te garantizo que esto te levantará el ánimo y te llevará a un sentir más positivo.

En determinados momentos del año, uso mi diario para reflexionar sobre la bondad de Dios. Cada Año Nuevo, busco escribir un agradecimiento por el año que acaba de pasar. Expreso mi gratitud por las personas, experiencias y lugares que han tenido un impacto en mí. Cuando llegué a los cincuenta años, decidí escribir una frase por cada año de mi vida que reflejara a Dios mi gratitud por su presencia, visible o invisible, a lo largo de los años. Puedes repasar así cualquier temporada o momento significativo. Las graduaciones, los aniversarios de bodas, los cumpleaños de los hijos, los funerales, todos pueden ser una buena oportunidad para hacer un repaso, observar las emociones que sientes y agradecer.

Orar a través de la historia

Anotar los acontecimientos más importantes que suceden en el mundo en el momento de escribir en el diario me ha resultado útil. Quizás no sirva tanto en ese momento, pero sí lo hace cuando vuelvo a revisar lo que he escrito. Ayuda a dar contexto a los pensamientos registrados. Por ejemplo, un día escribí en mi diario: «Hoy el Reino Unido votó a favor de abandonar la Unión Europea». Es útil saber que ese momento significativo influyó en las palabras que escribí ese día; me sirve considerar cómo Dios ha obrado desde entonces. Nuestro tiempo devocional nunca debe estar desvinculado de las realidades del mundo en el que vivimos. Entonces es útil tomar nota de ellas en tu diario.

Escribe oraciones específicas

Cuando estoy especialmente preocupado por alguien o me doy cuenta de que pienso mucho en alguien, me resulta útil escribir en mi diario una oración a Dios por esa persona en particular. Gracias al proceso de escribir, puedo pensar con más claridad en lo que en realidad quiero pedirle a Dios que haga por esa persona cuando oro por ella en voz alta. También me parece importante poder volver a la oración y repetirla, o incluso añadir algo a ella. A veces he encontrado oraciones potentes o inspiradoras escritas por otras personas; las copio en mi diario y las oro de vez en cuando. Tengo oraciones específicas para familiares y amigos a las que recurro con frecuencia.

Escribir tu diario para los demás

Empecé a darme cuenta hace varios años de que mis dos hijos se irían de casa algún día. Una parte de mí nunca quiso dejarlos ir: me encanta su compañía y disfruto mucho pasar tiempo con ellos. Aun así, sabía que se irían y que era importante que ellos se independizaran. Empecé a considerar que quería darles algo que fuera significativo, ¡aparte de mi amor y mi dinero! Entonces, para cada uno de ellos, leí una Biblia de principio a fin e hice anotaciones en ella que esperaba que fueran útiles, y luego se las entregué cuando se fueron. Tengo dos hijos y lo único que lamento es que me hubiera gustado comenzar antes este proyecto para ellos. Si eres padre o madre, un día tus hijos se irán de casa. Una de las cosas más hermosas que podrías regalarles es una Biblia en la que hayas escrito anotaciones y reflexiones para que los acompañe por el resto de la vida. Una Biblia llena de observaciones anotadas puede convertirse en una herencia y un legado que dejes a tu familia. (No tiene por qué ser solo para tus hijos; podrías darles este tipo de obsequio a otras personas).

La poesía

Una vez oí a alguien decir que deberíamos leer más poesía porque es difícil leerla rápido. A menudo la poesía me ha parecido un poco etérea; que tiene belleza, pero carece de sustancia. Mi opinión al respecto ha cambiado con los años. Me gusta leer poesía y también he intentado escribir poemas en mi diario (en gran parte, ¡no aptos para publicar!). Recuerda: lo importante es la sinceridad, no la calidad. A veces, un poema escrito en un diario se asemeja más a un flujo de consciencia que a una composición minuciosamente elaborada y estructurada.

El dibujo

Del mismo modo, dibujar en tu diario puede ser increíblemente liberador. Cuando dibujas o garabateas, activas otra parte de tu cerebro, y yo veo que es una forma útil de procesar y centrarme en el Señor. Por ejemplo, he dibujado una mano bien cerrada y me he imaginado en la palma de la mano de Dios; he dibujado un árbol y he reflexionado en versículos que hablan de ser nutrido por Dios y de estar bajo su sombra.

Una vez más, la calidad del dibujo no es importante. Aunque no te consideres una persona especialmente artística, hay un lugar para el arte en tu diario. A lo largo de los años en Oración 24-7, hemos visto salas de oración en todo el mundo llenas de oraciones dibujadas y pintadas. Sin duda, algunas de estas imágenes bellas e inspiradoras comenzaron en el diario de alguien. El papel de la imaginación en nuestro tiempo devocional es tan importante que he dedicado todo el próximo capítulo a ese tema.

Resumen

La clave de todo diario es la honestidad; esto es algo que suele quedar entre tú y Dios. A menudo la honestidad con Dios te llevará más allá de las palabras iniciales a cavar más profundo en tus sentimientos. Suelo comenzar con sencillez; se siente como una puesta al día, un breve mensajito a un amigo. A medida que sigo escribiendo, a medida que persevero, logro acceder a mis emociones. Curiosamente, al ir más profundo, mi letra se vuelve más desordenada; cuanto más profundizo, más rápido escribo. Todo fluye, pero se vuelve desordenado.

Nuestra oración y lamentos honestos no sorprenden a Dios ni herirán sus sentimientos. Él busca que seas transparente con él y saldrá a tu encuentro en medio de tus preguntas, dudas y miedos, aunque a veces pueda parecer incorrecto pensarlos. El proceso de escribirlos y hablar con Dios al respecto te ayudará a vivir una vida honesta y segura ante él. En el Salmo 116:1, David escribe: «Amo al Señor porque escucha mi voz y mi oración que pide misericordia». Un diario te ayudará a hallar tu voz en la oración y también te dará un registro fiel de tu camino con el Señor. Llevar un diario trae verdadero gozo; ofrece la oportunidad de reflexionar, procesar, orar y llegar a reconciliarte contigo mismo y con Dios en tu tiempo devocional. Miro el diario en el que escribo hoy en día y el de hace veinticinco años, y puedo ver que Dios ha escuchado mi voz, a veces sincera, enfurecida, quebrantada pero escuchada.

- Si llevas tiempo escribiendo en un diario, ¿por qué no dedicas algo de tiempo a reflexionar sobre las semanas o meses anteriores, o incluso sobre lo que estaba ocurriendo en esta época el año pasado? ¿Qué te ha estado hablando Dios o qué ha estado haciendo en tu vida?
- Si nunca has escrito un diario, ¿por qué no consideras iniciar con algo pequeño? Busca una hoja de papel o un cuaderno y, a modo de arranque, escribe una oración a Dios.

CAPÍTULO 6

Imaginación

JESÚS ERA UN MAESTRO de la narración. Con frecuencia utilizaba parábolas para enseñar. Los cuatro Evangelios registran cuarenta y seis ocasiones en las que Jesús utilizó una historia para impartir una lección. Utilizaba historias sencillas y de relevancia cultural que despertaban la imaginación de los oyentes para iluminarles una verdad espiritual. A través de estas parábolas reveló a sus oyentes el corazón y la naturaleza de Dios.

La gente que escuchaba podía visualizar exactamente de qué estaba hablando Jesús; se involucraban por completo, haciéndose una imagen mental de las tantas cosas, personas, situaciones y actividades cotidianas a las que Jesús se refería.

Cuando Jesús contaba sus historias, quienes escuchaban ponían en marcha su imaginación, tal vez proyectándose a sí mismos en los escenarios que Jesús describía. Así como esto les ayudó a entender la idea que Jesús quería trasmitir, nuestra imaginación nos ayudará al momento de interactuar con las historias de la Biblia.

Ya hemos hablado de la divagación mental y cómo podemos distraernos con facilidad en un tiempo devocional, pero quiero ver la otra cara de la moneda y explorar cómo la imaginación puede ayudarnos a conectar con Dios. Durante una conferencia, N. T. Wright comentó una vez:

> He tenido debates públicos en los Estados Unidos con colegas del campo del Nuevo Testamento que se niegan a creer en la resurrección corporal y, una y otra vez, llegan a este punto determinante: «Es que no me lo puedo imaginar». La respuesta es: «Agudiza tu imaginación». Y la forma de hacerlo no es golpeándoles la cabeza con dogmas, sino creando un mundo de misterio, belleza y posibilidad. Porque en verdad existen piezas musicales de las que salimos diciendo: «Creo en el Padre, en el Hijo y en el Espíritu Santo» con mucha más facilidad de lo que lo hubiéramos hecho antes de entrar en ellas[1].

Esta es una respuesta tan sencilla pero, a la vez, profunda. ¿Cómo agudizamos nuestra imaginación? ¿Cómo se convierte mi imaginación en una herramienta útil para desarrollar una comprensión de Dios, un medio útil para tener un encuentro con él?

La imaginación puede ser una herramienta poderosa cuando se activa correctamente durante un tiempo devocional. Existen tantas maneras de abordar la Biblia. Como ya he mencionado, usar comentarios y analizar lo que dicen los eruditos bíblicos a menudo alumbra el contexto y facilita nuestra interpretación de la Biblia, lo cual esclarece y vivifica. Esto no debería llevarnos a la conclusión, sin embargo, de que el análisis textual es solo un asunto de la mente y no del corazón. Podríamos quedar tan atrapados en la búsqueda de la intención original del autor y en el intento de situar el pasaje en su contexto histórico que olvidaríamos que hay otras maneras de abordar las Escrituras que requieren más imaginación y una lectura diferente de los textos antiguos.

El poder de la imagen

Las imágenes nos hablan. Ya sea en pinturas, fotografías, películas o programas de televisión, a todos nos impactan las imágenes. Basta con echar un vistazo a Instagram para comprobarlo. Mirar imágenes ocupa un lugar importante en nuestra vida. La primera cámara que salió al mercado comercial fue una Kodak en 1888, y desde entonces la fotografía se ha vuelto un pasatiempo cada vez más popular. Se calcula que en el 2020 se tomaron aproximadamente 1,4 billones de fotos, lo que equivale a que cada persona en el planeta, 79.000 millones de personas, ¡tome alrededor de 190 fotos!

Durante miles de años, antes de que existiera la fotografía, nos basábamos en la pintura; esta modalidad artística era la manera predominante de captar imágenes. Siempre me ha fascinado la pintura y desde pequeño me encantaba visitar museos de arte. De hecho, durante una etapa particularmente difícil de mi vida, cuando me quedé sin techo, pasé muchas horas en la Galería Nacional de Londres. Fijaba mis ojos en los cuadros y experimentaba algo de paz en medio de la turbulencia que sentía en mi vida y en mi salud mental. A menudo me sentía atraído por las pinturas religiosas. Durante años, me pareció desconcertante que estas pinturas no fueran una representación fiel del aspecto que habría tenido la gente en la época de Jesús. Por ejemplo, si observas las obras de artistas italianos del Renacimiento o del Barroco, pintados en los siglos XVI y XVII, notarás que todas las personas parecen italianas. No me parece correcto. Me preguntaba si algún prejuicio les impulsaba a distanciarse de la apariencia aramea de los cristianos del Medio Oriente para crear una versión italiana más aceptable. A medida que investiguemos más a fondo por qué sucedió esto, quizás hallaremos una explicación más extraña e interesante que nos ayude a explorar nuestro uso de la imaginación; una explicación que tiene más que ver con el compromiso imaginativo que con la tergiversación cultural.

Veamos al artista italiano Caravaggio y, quizás, a una de sus mejores pinturas, *La cena de Emaús*. Hay dos pinturas con el mismo título, una de las cuales se encuentra en la Galería Nacional de Londres. Esta es una de las pinturas ante la cual pasé más tiempo mirando. Es una hermosa pintura que capta el momento en que Cristo se revela a dos discípulos, después de su crucifixión y resurrección, al partir el pan en una taberna. Puedes leer la historia completa en Lucas 24:13-35. La obra transmite calidez y profundidad con una hermosa e intensa luz que irrumpe desde la izquierda, capturando la asombrosa revelación de un Cristo resucitado en la expresión y los movimientos de las manos de los discípulos. Uno de mis amigos me dice que «la clave está en las manos», pero yo creo que hay algo más.

Para mí, la clave está en la luz. El uso que hace Caravaggio del *claroscuro*, «luz y oscuridad», capta el momento y el ambiente de una forma maravillosa. En la pintura, la luz disipa la oscuridad, aunque la sombra permanece; la luz disipa el miedo e ilumina la esperanza mientras los dos discípulos expresan la conmoción que sienten ante la revelación de Cristo. La sombra hace que la luz parezca brillar con más fuerza. El aspecto del Jesús revelado es bastante angelical, ¡quizás porque Caravaggio fue uno de los pocos pintores antiguos que representó a Jesús sin barba! Como lo expresa la hermana Wendy Beckett:

> *La cena de Emaús* todavía tiene su poder de conmoción, con un Cristo extrañamente «poco espiritual»: un joven de cara regordeta y puntiaguda, con mechones sueltos, sin barba y carente de dramatismo. ¿Por qué Cristo no podría tener este aspecto? Ese rostro sin pretensiones permite que el drama sea inherente al acontecimiento mismo[2].

Es una obra impresionante: nos revela a Cristo entrando en la oscuridad de nuestras propias vidas con luz, vida y esperanza.

El pintor Caravaggio era un hombre afligido. En sus primeros años como artista, estuvo profundamente marcado por la influencia de un cardenal milanés llamado Borromeo, quien a su vez fue muy marcado por la influencia de san Ignacio de Loyola, un monje franciscano[3]. San Ignacio quería que la gente se acercara a la Biblia de un modo imaginativo. Según John Goldingay:

> La interpretación moderna definía al relato bíblico como historia, con el alto potencial de aburrimiento que conlleva esa denominación. La interpretación ignaciana parte de la base de que la narración bíblica es historia: no quiere decir que no haya sucedido, sino que necesitamos entrar en ella como en una narrativa; entrar en la vida de los personajes y en el desarrollo de la escena, y encontrar allí nuestro lugar[4].

Queriendo que la gente se sumergiera en la historia, el cardenal Borromeo les pidió a los pintores que pintaran acontecimientos bíblicos de tal manera que permitiera a la gente proyectarse a sí mismos en la escena. Al principio, esto giraba en torno a la crucifixión de Cristo, pero se desarrolló y se fue extendiendo.

Cuando comprendemos esto, podemos entender mejor *La cena de Emaús* de Caravaggio. Invita a la persona que mira la pintura a entrar en la historia. La escena tiene lugar en una taberna o posada; el posadero no se ha quitado el sombrero, lo que sugiere que se trata de un establecimiento un poco vulgar. Vemos discípulos desarreglados y pobres; uno tiene un desgarro en la chaqueta. También son peregrinos, hombres de viaje, como indica el caracol de mar que lleva uno de ellos en la ropa. La escena representa a hombres comunes y corrientes, sentados en un bar común y corriente, que se encuentran con un Dios extraordinario. Para mí, la imagen más llamativa es el plato de comida que sobresale del borde de la mesa en el primer plano. Me habla. Me dice que puedo venir y sentarme a esta mesa; me invita a entrar al espacio y ser parte del drama. Cristo quiere revelarse a mí, sentarse a comer conmigo. Mi imaginación se activa y estoy sumergido en la historia. Viene a mi mente Apocalipsis 3:20: «¡Mira! Yo estoy a la puerta y llamo. Si oyes mi voz y abres la puerta, yo entraré y cenaremos juntos como amigos». Esta obra dice: «Tú formas parte de esta historia. Ven y toma tu lugar en la mesa».

Emplear la pintura de esta manera tan vívida en una época de escasa alfabetización fue tremendamente útil para que la gente comprendiera las Escrituras y también para que entendiera mejor a Dios. Quizás te estés preguntando cómo es que todo eso nos ayuda en el aquí y ahora. El mundo que nos rodea hoy tiene un aspecto muy distinto del que habría tenido cuando Jesús estaba en la tierra, pero al igual que estos hombres (Ignacio, Borromeo, Caravaggio) que impulsaron a la gente de su época a proyectarse en un escenario diferente del que ya experimentaban, nosotros podemos situarnos en las historias de la Biblia.

Prueba este ejercicio

1. Busca un pasaje de uno de los Evangelios en el que Jesús se relaciona o pasa tiempo con otras personas. Podría tratarse, tal vez, de uno de los acontecimientos milagrosos o de una interacción mientras andan por un camino polvoriento. No importa si el momento es largo o corto, pero para comenzar, sería bueno que Jesús estuviera presente en la escena.
2. Recuerda que te estás adentrando en un encuentro con la Palabra de Dios. Recuerda que la Palabra de Dios da vida y tiene poder. Piensa en la llegada de la Biblia de Gutenberg a Nueva York y, metafóricamente, quítate el sombrero y ponte de pie al acercarte a ella.
3. Quédate quieto y recuerda que Dios está presente. Necesitas que Dios ilumine lo que estás por leer. En oración, reconoce su presencia con unas sencillas palabras: *Gracias, Dios, por estar aquí*.
4. Nombra y controla cualquier distracción, piensa en tu respiración y en tu postura.
5. Lee el pasaje tres o más veces hasta que empieces a familiarizarte con la historia. Intenta visualizar los detalles.
6. Una vez que tengas el pasaje bastante en claro, es hora de pasar a la parte principal del ejercicio. Yo tengo una

imaginación demasiado activa y me gusta la idea de construir la escena como si fuera una película. Algunas personas adoptan un enfoque más verbal o reflexionan sobre algunos aspectos específicos. Es útil recordar lo siguiente: «La nitidez visual no es un criterio para la eficacia de este tipo de oración. El compromiso sí lo es, y el resultado es un mayor conocimiento interno de Jesús»[5].

- Cierra los ojos y recrea la escena en tu imaginación; tómate tu tiempo e intenta avanzar por la escena en orden cronológico.
- Observa lo que ocurre. Observa a la gente: los niños, las mujeres y los hombres en la escena.
- Hazte preguntas como: *¿Qué hora es? ¿Qué temperatura hace? ¿Está cansada la gente? ¿Cómo son las condiciones ambientales? ¿Hay mucho ruido? ¿Qué huelo? ¿Qué aspecto tiene Jesús? ¿Cómo reaccionan e interactúan con él los demás? ¿De qué hablan las personas entre sí? ¿Hay emoción en sus palabras: tristeza, enfado, curiosidad, alegría, juicio? ¿Jesús está haciendo algo específico? ¿En quién pone su atención? ¿Por quién ora y cómo lo hace?*

7. Sitúate en la escena de la manera que prefieras: como uno más en la multitud, como una persona que recibe sanidad, como uno de los discípulos, como un amigo de la persona que necesita ser sanada. Probablemente sea mejor que no te hagas pasar por Jesús... ¡no

queremos que nadie salga de esto con un complejo de Mesías!

8. Cuando hayas terminado este tiempo, será bueno orar, hablar con Jesús. Exprésale de corazón lo que has visto y sentido durante este tiempo; lo que has observado, lo que te ha alegrado, lo que te ha entristecido y cualquier otra emoción que hayas sentido. Helmut Gabel dice: «Toda meditación termina con una oración dialogada, "en conversación personal como un amigo habla con otro, o como un siervo con su amo"»[6].

9. Si dispones de tiempo, te resultará útil escribir sobre este encuentro en tu diario.

CAPÍTULO 7

Maravillarse

«La atención es el principio de la devoción», escribió la poetisa estadounidense Mary Oliver[1]. Vivimos en un mundo en el que nuestra atención es objeto de exigencias constantes. En un entorno impulsado por el consumismo, los publicistas nos comunican que siempre debemos buscar y aspirar a más. Los proveedores de telefonía y los servicios de *streaming*, los medios de comunicación, las grandes cadenas de comercio, las organizaciones de beneficencia y las redes sociales pelean por nuestra atención, diciéndonos que no estaremos satisfechos hasta que hayamos alcanzado ciertas metas, comprado ciertos productos o adoptado un determinado estilo. ¿Es una coincidencia que cada vez que estamos por lograr esos objetivos, todos cambien y se transformen?

Nuestra atención se desvía constantemente. Nunca dejamos de alcanzar falsas cumbres y descubrir que hay una nueva para escalar. Por dentro estamos hartos; en el fondo sabemos lo que está sucediendo, pero otra parte de nosotros acepta la narrativa que dice: «Serás feliz cuando...».

Y no es solo lo material lo que atrapa nuestra atención. *Seré feliz cuando sea independiente, cuando pueda viajar, cuando obtenga el reconocimiento que he estado buscando, cuando conozca una pareja, cuando tenga mi propio hogar, cuando consiga una casa más grande*, y así sucesivamente.

En nuestra cultura, hay un tambor que marca un ritmo que dice: siguiente, siguiente, siguiente. Nos marea, nuestro enfoque cambia sin cesar y nuestra devoción se ve arrastrada en todo tipo de direcciones. ¡Apenas tenemos tiempo de parar y levantar la mirada!

Detente y levanta la mirada

Cuando dispusimos de un espacio de oración en la catedral de San Pablo, se ubicó en la capilla de San Miguel, cerca de la puerta principal. En el proceso de crear un espacio de oración, uno puede verse abrumado de repente con muchas tareas prácticas, sobre todo cuando se trata de un espacio en un edificio de patrimonio nacional y solo se dispone de un corto margen de tiempo antes de que entre el público. Como suele ocurrir, nos dimos cuenta de que nos habíamos olvidado de algo, esta vez, del cable de extensión. Nos dijeron que el encargado del edificio tenía uno que podíamos utilizar. Recorrí con prisa el edificio, pasé el lugar de descanso final del duque de Wellington y llegué a una oficina donde podría estar el encargado, pero me dijeron que estaba abajo. Me apresuré a bajar un piso, pasando por el lugar de descanso del almirante lord Nelson. (El lugar está lleno de lugares de descanso, pero ¡yo no descansaba nada mientras corría de un lado a otro!). Al llegar abajo, descubrí que el encargado había subido de regreso por otro camino. Con un suspiro, aceleré el paso y volví a subir las escaleras. Estaba ocupado, enfocado y empezaba a estar un poco nervioso.

Entonces, en un momento, algo en lo profundo de mi ser dijo: *¡Detente y levanta la mirada!* Me encontraba bajo el hermoso techo abovedado de la catedral de San Pablo, una maravilla arquitectónica y artística de colores vibrantes, gloriosas obras de arte e impresionante diseño. En mi ajetreo no me había detenido ni una sola vez. Concentrado en terminar el trabajo, no me había detenido para levantar la mirada y contemplar la belleza que me rodeaba.

Quizás ese día en particular, yo necesitaba hacer hincapié en este punto. Habíamos tomado prestado un banco de oración para nuestro espacio y habíamos colocado sobre él un precioso diario encuadernado en cuero para que la gente pudiera arrodillarse y escribir sus oraciones. Un miembro del personal de la iglesia se acercó de prisa y dijo: «Ah, veo que han utilizado el banco de oración de Su Majestad». Al parecer, ¡habíamos usurpado el asiento de la reina de Inglaterra para nuestra actividad de oración! Avergonzado, le expliqué que no me había dado cuenta; y me dijo: «Tienes que levantar la mirada». Justo arriba del lugar habitual del banco de oración se veía el escudo real. El miembro del personal, con mucha amabilidad, cubrió el banco con un manto, y durante aquella semana, yo me sonreía cada vez que veía a la gente arrodillarse allí, dirigiéndose al Rey de reyes desde el banco de la reina de Inglaterra.

Más tarde, en la misma semana, escribí en mi diario: «Señor, sigo buscándote; quiero acercarme cada vez más a un espacio constante de consciencia de ti, pero el día avanza lentamente, el trabajo arrasa y, antes de darme cuenta, no me he detenido a recuperar el aliento para verte, para entrar en contacto contigo. A veces te dedico un momento apurado, pero necesito hacer más que eso. Necesito parar y levantar la mirada». Me había distraído, y lo que estaba aprendiendo en el tiempo devocional no se estaba haciendo realidad en el día a día. ¡La sensación de la silla no me acompañaba!

Decidí que iba a ser más intencional con mi atención. Iba a empezar a buscar a Dios: a frenar, a observar y a darle mi atención. Me desafié a escribir en mi diario dónde había visto a Dios el día anterior. Me propuse buscarlo en lo ordinario, no en lo espectacular. Un día, escribí esto:

> Te veo en mis hijos: en sus bromas, en su diversión,
> en su descubrimiento de ti. Te veo en mi esposa: en
> su diligencia, en su atención a nuestras visitas,
> en su preocupación por los demás. Te escucho en
> el guitarra de mi hijo que resuena por toda la casa.
> Vi tu provisión por mi otro hijo cuando un amigo
> le arregló el disco duro: eres un Dios de amistades

generosas. Te vi en *El planeta azul*, en la belleza de tu creación. Te vi mientras arreglaba un cuadro para los padres de Tracy: tú restauras lo dañado. Te vi en los rostros de tantas personas maravillosas en la iglesia ayer. Señor, ayúdame a buscarte más, a tomar consciencia de tu presencia.

El acto de maravillarse es la capacidad de detenerse y levantar la mirada. Estar maravillado es un sentimiento de asombro y admiración provocado por algo bello, extraordinario o desconocido.

¿Acaso Instagram y otros medios colmados de fotos e imágenes nos han robado la capacidad de maravillarnos ante lo ordinario, de modo que la vida solo nos parece buena cuando la vemos a través de un filtro? La gente proyecta perfiles perfectos en línea: piel impecable, maquillaje perfecto y conjuntos informales impolutos. Explican una receta mientras bailan coreografías con un novio de cuerpo esculpido, quien a su vez está renovando una vieja furgoneta en una lujosa autocaravana para viajar a todas las cascadas de Islandia. Vivir la vida a través de un filtro puede robarnos la capacidad de maravillarnos. Si no estamos atentos a eso, nuestra apreciación de lo bello se termina distorsionando. Necesitamos revisar nuestra definición de *belleza*. Hay belleza en el pan tostado, en la piel arrugada, en un paisaje urbano. Hay belleza en los desiertos inhóspitos. Hay belleza en los hospitales. Hay belleza en la oxidación.

Recuerdo una noche de agosto de 1987, cuando me fui

de casa y decidí viajar a Irlanda con un amigo. Perdimos el último cruce en ferri y pasamos la noche en un pequeño café cerca del muelle, donde la mayoría de los clientes eran prostitutas. Pasamos horas allí, nada más que bebiendo, fumando y charlando. Recuerdo la amabilidad de una mujer mayor que se aseguró de que yo estuviera bien durante toda la noche. Mirando atrás, aunque me sentía seguro, ella vio al niño pequeño en este chico de diecisiete años. Cualquier espectador esa noche hubiera visto a un chico flaco y borracho pasando el rato con prostitutas endurecidas y envejecidas, pero yo experimenté belleza.

Del mismo modo, hubo días en Ibiza en los que encontrábamos un rincón tranquilo para bañarnos en el mar. Los amigos, la compañía y el entorno daban lugar a momentos maravillosos. Recuerdo una vez cuando disfrutamos un juego de canto en mi jardín con la familia. Había tanta belleza, no tanto en las voces, sino en la diversión. O sentados en una barca en un lago escocés, viendo a mi hijo menor remar hacia nosotros en un kayak: eso fue bello.

No siempre está en lo espectacular; veo belleza en el quebranto y en la tragedia. He visto un bautismo en una prisión. Fue la reunión más hermosa en la que he estado en la vida. Me he arrodillado en las calles con gente cubierta de sangre y vómito y he visto belleza. He oído a una madre dar su discurso de despedida en el funeral de su hijo. Dijo: «Estuve presente en su primer aliento y también estuve presente en el último». Eso fue hermoso. No fue feliz, pero fue hermoso.

Tenemos que parar, ver la belleza y maravillarnos.

Toma consciencia

¿Alguna vez has estado conduciendo y has visto reflejada en el retrovisor una magnífica puesta de sol? ¿No has querido detener el coche y mirar antes de que se esfume en la lejanía? La vida puede llegar a ser un poco así: nos quedamos tan enfocados en el próximo destino que nos olvidamos de disfrutar del recorrido. Me pregunto si a veces, como cristianos serios, nos olvidamos de caminar por propio placer. Siempre hay algún sitio donde estar o algo en qué pensar.

Génesis 28 relata la historia de Jacob en un momento en que su vida que se había vuelto compleja. Había despojado a su hermano, Esaú, de su herencia al manipular y engañar a su padre. Es comprensible que Esaú estuviera enfurecido al punto de querer matarlo, así que parecía un buen momento para salir de su entorno. Por consejo de su madre, Jacob aceptó abandonar la región mientras se calmaba la situación; su padre le aconsejó que fuera a casa de sus parientes en Harán y buscara una esposa allí. Leemos:

> Jacob salió de Beerseba y viajó hacia Harán. A la caída del sol, llegó a un buen lugar para acampar, y se quedó allí a pasar la noche. Jacob encontró una piedra donde reposar su cabeza y se acostó a dormir. Mientras dormía, soñó con una escalera que se extendía desde la tierra hasta el cielo, y vio a los ángeles de Dios que subían y bajaban por ella.
>
> En la parte superior de la escalera estaba el Señor, quien le dijo: «Yo soy el Señor, Dios de tu abuelo

Abraham, y Dios de tu padre Isaac. La tierra en la que estás acostado te pertenece. Te la entrego a ti y a tu descendencia. ¡Tus descendientes serán tan numerosos como el polvo de la tierra! Se esparcirán en todas las direcciones: hacia el oriente y el occidente, hacia el norte y el sur; y todas las familias de la tierra serán bendecidas por medio de ti y de tu descendencia. Además, yo estoy contigo y te protegeré dondequiera que vayas. Llegará el día en que te traeré de regreso a esta tierra. No te dejaré hasta que haya terminado de darte todo lo que te he prometido».

Entonces Jacob se despertó del sueño y dijo: «¡Ciertamente el Señor está en este lugar, y yo ni me di cuenta!»; pero también tuvo temor y dijo: «¡Qué temible es este lugar! No es ni más ni menos que la casa de Dios, ¡la puerta misma del cielo!».

GÉNESIS 28:10-17

«¡Ciertamente el Señor está en este lugar, y yo ni me di cuenta!». Detestaría que me sucediera eso a mí: mirar atrás y reconocer que, en mis días, mis meses o incluso mis años, Dios estuvo en esos lugares y yo ni me di cuenta. Necesitamos aumentar nuestra consciencia de Dios.

Según el teólogo Derek Kidner, la respuesta de Jacob «expresó un profundo asombro, quedó conmocionado principalmente por Aquel con quien se había encontrado, no por las cosas prometidas»[2]. El pasaje relata que Jacob llegó a un buen lugar para acampar: nada especial, nada más que un lugar para descansar con una piedra como almohada, un punto aleatorio en el desierto. Una vez que Jacob estuvo consciente de que Dios estaba allí, sin embargo, dejó de ser solo «un buen lugar para acampar». Se convirtió en un lugar impresionante, y Jacob expresó su profundo asombro en adoración. Sucede algo en un encuentro con la presencia de Dios que hace que todo lo demás pase a un segundo plano.

Tomar consciencia nos lleva a maravillarnos; maravillarnos nos lleva a adorar. Aquí hay tres consejos para ayudarte a tomar consciencia, a poner tu atención en Dios y a vivir una vida maravillándote.

Mira hacia atrás

Un ejercicio que ayuda es la reflexión: mirar hacia atrás y observar conscientemente en qué momentos has visto a Dios. Puede resultar útil repasar tu diario e identificar dónde ha estado Dios. ¿Puedes verlo en tus reflexiones? También creo que es útil preguntarte al final de cada día dónde has visto a Dios a lo largo del día. A medida que te acostumbres a observar, empezarás a contemplarlo todo con sincero asombro, y a maravillarte. Mirar atrás nos ayuda a tomar consciencia de Dios en todo lo que ha pasado, pero también nos entrena para tomar consciencia de él en el presente.

Hace unos años, mi esposa y yo nos sentamos con su abuela mientras yacía en su cama de hospital. Tenía más de noventa años, se le había quebrado la cadera y se sentía triste. Mientras charlábamos, empezó a recordar sus vacaciones favoritas con su esposo en Capri, Italia, allá por la década del cincuenta. Hablaba de bajar caminando al puerto, sentarse bajo un limonero, disfrutar del calor del sol y ver pasar el mundo. Mientras describía el aroma de los limones fragantes, cerró los ojos, inhaló y sonrió. Por un momento, se sintió como si estuviera allí de vuelta. Este recuerdo, atesorado por tanto tiempo, despertó un contentamiento en ella, a pesar de su situación. Su sonrisa contrastaba con el rostro triste que nos había recibido al llegar.

Mira hacia arriba

En algún momento de tu día, detente y mira hacia arriba. En la épica novela de Dostoyevski *Los hermanos Karamazov*, Aliosha contempla las estrellas del cielo: delicadas, brillantes, inmensas e insondables. Se vuelve muy consciente del suelo, de la tierra debajo de sus pies, a tal punto que su asombro lo lleva a arrojarse al suelo: «Sin saber por qué, sentía un deseo irresistible de estrechar entre sus brazos a toda la tierra. La besó sollozando, empapándola de lágrimas»[3]. Quedó conmovido por el asombro. Tomó consciencia, tomó tiempo, se detuvo y se dejó impactar por la belleza ordinaria del polvo y la tierra en contraste con la inmensidad del cielo. Sal a caminar, asómate a la ventana, detente y mira a tu alrededor, toma consciencia de Dios. Tal vez no acabes tumbado en el suelo, pero espero que te haga pensar en Dios y que tu consciencia se sienta atraída hacia él.

Mira hacia delante

Como cristianos, vivimos con la confianza de que, ciertamente, un día el reino vendrá, el mundo será hecho nuevo y que, ante el nombre de Jesús, ¡toda rodilla se doblará! Tenemos algo que esperar; él ha puesto la eternidad en nuestro corazón, y vivimos como niños que esperan la Navidad: esperamos la llegada de un Rey y su reino. Si a veces miramos atrás y sentimos dolor, o miramos arriba y vemos todo nublado, siempre podemos mirar hacia adelante y ver esperanza. No ignoramos nuestro sufrimiento presente, sino que vivimos como personas de esperanza. Un tiempo devocional con el Señor, profundizando en sus Escrituras, debería convertirnos en personas de esperanza, personas que miran hacia adelante. Keith Fournier lo expresa de una forma hermosa: «De veras *existe* un designio divino. Cada mañana nos invita a comenzar de nuevo. La estructura misma del ciclo diario de veinticuatro horas revela la bondad de un Dios que siempre nos invita, y nos empodera, a comenzar de nuevo. La esperanza renace con cada amanecer»[4]. Y, como lo expresó Pablo: «Le pido a Dios, fuente de esperanza, que los llene completamente de alegría y paz, porque confían en él. Entonces rebosarán de una esperanza segura mediante el poder del Espíritu Santo» (Romanos 15:13).

Agradece

Vivir en una cultura de consumismo puede hacer que nos sintamos inquietos e incluso infelices. Necesitamos cultivar una cultura de gratitud. Pablo nos anima a ser «agradecidos en toda circunstancia, pues esta es la voluntad de Dios para ustedes, los que pertenecen a Cristo Jesús» (1 Tesalonicenses 5:18). Podremos librarnos del dominio de nuestra cultura consumista cuando cultivemos la gratitud, dando gracias en toda circunstancia. El consumismo nos presiona a centrarnos en lo que no tenemos; un estilo de vida de gratitud nos permite estar agradecidos por lo que ya tenemos. Hay un antiguo refrán que se repite mucho en el Antiguo Testamento: «¡Den gracias al Señor, porque él es bueno! Su fiel amor perdura para siempre». Haríamos bien en recordarlo y repetirlo con frecuencia.

Aunque lo que vemos puede inspirar asombro y maravilla, el músico y líder de adoración Graham Kendrick nos recuerda que «la adoración ha sido malinterpretada como algo que surge de un sentimiento que "viene sobre ti", pero es vital comprender que se basa en un acto consciente de la voluntad»[5]. Me gusta que la adoración sea un «acto consciente de la voluntad», una decisión que tomamos. La Biblia, en especial en los Salmos, está llena de referencias a expresar nuestra adoración a Dios a través de la música y el canto. Tanto si cantas a Dios en la ducha a pleno pulmón como si te arrodillas en silencio ante él con temor reverente, o hagas algo intermedio, haz que la adoración a Dios sea un acto de voluntad consciente. El autor y pastor Francis Chan dice: «¿No es un consuelo adorar a un Dios de quien no podemos exagerar?»[6]. Me encanta que cuando adoramos a Dios somos incapaces de sobredimensionarlo; es imposible exagerar con superlativos o hipérboles cuando se trata del Autor de nuestra fe. En más de una ocasión me he inquietado cuando alguien comenta, después de un tiempo de adoración en la iglesia: «Hoy no he sacado mucho provecho de la adoración». Mi respuesta sincera es: *«¡Menos mal! No te estábamos adorando a ti»*.

El apóstol Pablo nos exhorta: «No vivan según el modelo de este mundo» (Romanos 12:2, PDT). Una tendencia consumista se ha infiltrado en nuestra actitud hacia muchas cosas, incluyendo la adoración y en especial la adoración musical. Reconozco que a veces pienso: *Me siento decaído; voy a adorar porque eso me hará sentir mejor*. Es ahí que paso por alto la parte intermedia: cuando me acerco a Dios, él se acerca a mí, su presencia me levanta, las palabras que canto me recuerdan lo asombroso que él es y qué gran privilegio es conocerle, y ¡claro que me siento mejor! El centro de todo debe ser para Dios, no para mí. Y parte de la adoración es vivir maravillados. Como ha dicho el cofundador de Oración 24-7, Pete Greig, nadie jamás ha dicho, al mirar detenidamente las auroras boreales: «Vaya, ¡qué grandioso soy!».

Me encantan estas palabras de G. K. Chesterton; me recuerdan que no debo dejar de ser como un niño en mi gratitud y adoración:

> Los niños suelen mover las rodillas sin cesar, una contra otra, por exceso y no por defecto de vitalidad. Y precisamente porque a los niños les sobra vitalidad, y porque tienen un espíritu fiero y libre, buscan cosas que se repiten y no cambian. Siempre dicen: «Hazlo otra vez». Y la persona mayor tiene que volverlo a hacer hasta que se cansa. Porque la gente mayor no es suficientemente fuerte como para gozar con la

> monotonía. Pero Dios quizás sea suficientemente fuerte para gozar con la monotonía. Puede que Dios diga cada mañana al sol: «Hazlo otra vez»; y cada noche a la luna: «Hazlo otra vez». Puede suceder que no sea la necesidad automática la que hace que todas las margaritas sean iguales; puede suceder que Dios las haga una por una, y no se canse nunca de hacerlas. Puede ser que tenga ese apetito eterno propio de la infancia. Nosotros hemos pecado y envejecido, pero nuestro Padre celestial es más joven que nosotros[7].

¡Disfruta la monotonía! Así podremos vivir la vida maravillándonos.

Resumen

La vida está llena de baches: algunos grandes, otros pequeños, algunos que vimos venir y podríamos haber evitado, otros que fueron totalmente inesperados. Si como resultado sentimos que hemos perdido algo de nuestra capacidad de maravillarnos, necesitamos realinearnos. A medida que pongamos la atención en Dios, en tomar consciencia de él, tanto en lo ordinario como en lo espectacular, en reflexionar y en dar gracias, desarrollaremos una mayor comprensión de su majestad, de su señorío, de su poder, de su amor y de su presencia.

Aquí te dejo algunas preguntas que te ayudarán a reflexionar sobre el papel del asombro en tu vida:

- *¿Cómo describiría mi ritmo últimamente? ¿Corro de un lado para otro, o me detengo y levanto la mirada para tomar consciencia de Dios en mi entorno?*
- *¿Cuándo fue la última vez que me detuve y observé la belleza en algo ordinario? ¿Qué fue lo que me cautivó?*
- *Al pensar en el último mes, ¿dónde pude ver a Dios en particular? ¿Dónde vi a Dios en la creación? ¿Dónde vi a Dios en otra persona?*
- *¿Qué prácticas de agradecimiento tengo en mi tiempo devocional?*
- *¿Cuál es la mejor manera de expresar una adoración auténtica y centrada en Dios?*

CAPÍTULO 8

Perseverancia

CUANDO VIVÍAMOS EN IBIZA, solíamos repartir ejemplares del Nuevo Testamento con los Salmos en la versión *The Message* (El Mensaje) a la gente que no conocía a Jesús. El libro llevaba el título *Jesús ama Ibiza* y un amigo había diseñado una portada llamativa que, en mi opinión, captaba a la perfección el ambiente de Ibiza. A la gente le encantaban estas pequeñas porciones de la Biblia. No las repartíamos al azar, como si fueran otro folleto más para cualquier noche de baile. Por lo general, las entregábamos después del tipo de conversaciones que justificaran un regalo así y siempre intentábamos marcar un pasaje que nos parecía especialmente relevante para la persona a la que se la regalábamos. El equipo de Oración 24-7 en Ibiza sigue haciendo esto cada verano. Con los años, descubrimos que a la gente le encantaba cuando orábamos con ellos y que valoraban la ayuda y atención práctica que ofrecíamos a quienes estaban en problemas, muchas veces por exceso de alcohol o drogas. Cuando organizamos por primera vez la impresión de estas porciones, en realidad sentimos que era una idea inspirada por Dios. Luego comenzamos a preguntarnos si las Biblias eran algo que la gente quería de verdad, o era solo un recuerdo más para llevar a casa. Como ya habíamos pagado por cinco mil copias, perseveramos. En esa etapa, yo me apoyaba en gran medida en los versículos de Isaías que he mencionado antes:

> La lluvia y la nieve descienden de los cielos
>   y quedan en el suelo para regar la tierra.
> Hacen crecer el grano,
>   y producen semillas para el agricultor
>   y pan para el hambriento.
> Lo mismo sucede con mi palabra.
>   La envío y siempre produce fruto;
> logrará todo lo que yo quiero,
>   y prosperará en todos los lugares donde yo la envíe.
>
> ISAÍAS 55:10-11

Entonces perseveramos, creyendo que estábamos haciendo nuestra parte en la siembra de la Palabra de Dios. Nuestra oración continua era que, al «sembrar» estas porciones bíblicas, la Palabra de Dios tuviera un impacto, que no regresara vacía.

Empezamos a regalar esas porciones de la Biblia en 2009. Diez años más tarde, en la primavera del 2019, fui al festival Big Church Day Out (Festival de la iglesia) en el Reino Unido, un festival donde miles de personas se reúnen y escuchan grandes bandas cristianas. Siempre me emociona mucho y fortalece mi fe. Una noche, logré encontrar una buena posición en la enorme multitud. Durante una pausa entre las presentaciones, me puse a charlar con el chico que tenía al lado, a quién no conocía. Le pregunté de dónde venía y me dijo que era del norte y que estaba ayudando con el festival. Luego explicó que era un adicto en recuperación; que había encontrado a Jesús. Le dije que eso era maravilloso y le pregunté cómo se había acercado a Cristo. Empezó así: «Estaba en Ibiza en 2009 y una chica me dio una Biblia». Se detuvo y me miró. «¿Por qué lloras?».

Le expliqué mis lágrimas. Fue uno de los momentos más hermosos de mi vida. Me dio un gran abrazo y oramos juntos en medio de ese campo. De alguna manera, Dios había creado la situación para colocarme, entre las veinticinco mil personas en esa multitud, junto a un muchacho cuyo recorrido hacia la salvación había comenzado diez años atrás ¡cuando alguien le dio una de nuestras porciones bíblicas en Ibiza! Este breve encuentro me pareció un maravilloso regalo del Señor. La historia de salvación de este hombre era hermosa por sí sola —sin importar que yo la escuchara o no—, pero el hecho de que Dios se asegurara de que yo la escuchara fue de gran ánimo para mí: una reivindicación de mi perseverancia.

Si Chesterton dice que debemos regocijarnos en la monotonía y observar la belleza en lo ordinario, ¡también hay algo hermoso en la monotonía de la perseverancia!

Difícilmente voy a convencerte de emprender este recorrido hacia un tiempo devocional si te cuento que a veces se sentirá monótono, que algunos días te parecerá repetitivo, que te preguntarás si en realidad algo está cambiando y que tendrás que seguir levantándote mañana tras mañana para hacerlo de nuevo. Pero esa es la verdad. No siempre verás los resultados de tus oraciones o de tus acciones de inmediato; de hecho, a veces ni siquiera los verás. Independientemente de que veamos resultados visibles o no, vamos a tener que aprender a perseverar.

La perseverancia en una cultura de inmediatez

Una noche en España, habíamos estado orando por la gente que trabajaba y salía de fiesta en las calles donde trabajábamos. Una de las voluntarias que se había unido a nosotros por dos semanas con un equipo de oración y misión, dijo: «Es muy aburrido orar la misma oración todas las noches». Nos quedamos desconcertados: ella llevaba solo ocho días con nosotros, y nosotros llevábamos cinco años allí, orando las mismas oraciones. ¿Estábamos locos? No nos pusimos moralistas ni nos enfadamos, pero sus palabras nos hicieron ver que vivimos en una cultura de inmediatez, en la que las respuestas y las reacciones son rápidas. Una cultura así no lidia muy bien con la perseverancia. Romanos 12:2 (PDT) nos instruye: «No vivan según el modelo de este mundo. Mejor dejen que Dios transforme su vida con una nueva manera de pensar. Así podrán entender y aceptar lo que Dios quiere y también lo que es bueno, perfecto y agradable a él». Si estamos llamados a vivir una vida contracultural, que no se conforma con los modelos de este mundo, debemos comprender que uno de los motores de nuestra cultura, en particular en el mundo occidental, es la inmediatez.

Si las fotos no se cargan con rapidez en mi portátil, me frustro. Si una película se pausa mientras la estoy viendo, quiero cambiar de servicio de Internet. Si mi pedido de comida rápida demora cinco minutos en llegar al mostrador, ¡el hambre me pone de mal humor! Puedo mensajear a una amiga que está en Malasia y ella me responde en unos pocos segundos. Quiero una camisa nueva y puedo comprarla al instante con la expectativa de poder usarla al día siguiente. Puedo pagar mis facturas en segundos, contraer una deuda enorme en un día y pedir más dinero prestado para cubrirla antes de la puesta del sol. Puedo pedir un Uber en unos instantes para viajar al centro o reservar un vuelo a Nueva York y llegar allí por la mañana. Vivimos en un mundo instantáneo. Si lo queremos, y podemos encontrar la forma de pagarlo, lo conseguiremos... ¡y pronto! Para que nuestra generación sobreviva y florezca, necesitamos aprender el arte de la perseverancia en una cultura de la inmediatez, y es probable que esto no llegue sin un esfuerzo intencionado.

No podemos amoldarnos al modelo de la inmediatez en nuestros tiempos de oración. ¡Dios sencillamente no trabaja así! No estoy diciendo que no crea que Dios pueda hacer cosas de forma instantánea e inmediata; cuando oro, por lo general le estoy pidiendo y deseando su intervención inmediata. Entonces, por favor, ¡nunca dejes de orar de esa manera! Dicho eso, Dios no responde a nuestras peticiones como un genio en una lámpara o un hada madrina que nos ofrece tres deseos. Él no es una máquina expendedora divina. Jesús les dijo a sus discípulos que debían pedir y seguir pidiendo, buscar y seguir buscando, llamar y seguir llamando (Mateo 7:7).

Me encanta la historia en el Antiguo Testamento de los hijos de Israel escapando de Egipto. Tras una serie de dramáticos acontecimientos permitidos por Dios, finalmente abandonan el país y su esclavitud con la esperanza de un futuro mejor. Los egipcios los persiguen, con la intención de capturarlos y volver a esclavizarlos. Se acercan a los hijos de Israel cuando llegan al mar Rojo. Con los egipcios a sus espaldas y el mar por delante, sin barcos que los lleven al otro lado, parece que los israelitas no tienen ninguna salida. Solo ven ante sí un desastre inminente. El momento que parece su mayor crisis como nación, sin embargo, se vuelve el día en que «el Señor [...] rescató a Israel de las manos de los egipcios» (Éxodo 14:30). Ocurre el milagro. Puede parecer inmediato, pero han experimentado cuatrocientos años de afanes, penas, dolor y perseverancia antes de que, en un instante, Moisés levante su cayado, el mar se abra milagrosamente y caminen sobre tierra seca hacia la libertad. Sobre esta historia, el erudito bíblico irlandés J. Alec Moyter comenta: «Aprendamos esta lección: la voluntad de Dios es lo que le da sentido a la vida. Siempre existe un panorama más amplio del que él es consciente y nosotros no»[1]. La perseverancia consiste en reconocer que formamos parte de un panorama más amplio; a menudo hay mucho más en juego de lo que comprendemos, y a veces no vemos resultados inmediatos.

Para uno es *repentino* lo que para otro es una *constante*

El apóstol Pablo oraba constantemente por otros, y en su constante oración, ¡sucedían cosas repentinas! Lo leemos en Romanos 1:8-10 (BLPH, énfasis añadido):

> Quiero empezar dando gracias por todos ustedes a mi Dios, mediante Jesucristo, porque en el mundo entero se habla con admiración de la fe de ustedes. Dios mismo, a quien sirvo de todo corazón anunciando la buena noticia de su Hijo, puede garantizar que pienso *constantemente* en ustedes. Una y otra vez insto a Dios en mis oraciones, a ver si tiene a bien facilitarme el que por fin pueda visitarlos.

Y de nuevo, en 2 Tesalonicenses 1:11 (NVI):

> Por eso oramos *constantemente* por ustedes, para que nuestro Dios los considere dignos del llamamiento que les ha hecho, y por su poder cumpla todo propósito de bien y toda obra que realicen por la fe.

Una vez más, en 2 Timoteo 1:3:

> Timoteo, doy gracias a Dios por ti, al mismo Dios que sirvo con la conciencia limpia tal como lo hicieron mis antepasados. Día y noche te recuerdo *constantemente* en mis oraciones.

El énfasis es mío, pero la frecuente repetición de Pablo de la palabra *constantemente* nos comunica algo.

Mi padre ora constantemente por otras personas; se levanta temprano para hacerlo todos los días. Cuando murió mi madre en 1981, mis tres hermanos y yo afrontamos la experiencia de diferentes maneras. Creo que todos lo sobrellevaron mucho mejor que yo en aquel momento. Hice de mi duelo un completo desastre. Me llevó nueve años encontrar un lugar saludable con mi dolor, mi pena y Dios. Aunque en aquel momento uno de mis hermanos parecía manejar las mismas emociones de un modo menos destructivo que yo, más tarde emprendió un largo recorrido de luto, enfermedad mental, divorcio y dolor. Él se esforzó al máximo y fue una verdadera ayuda y un ejemplo para mí como alguien que siguió adelante, haciendo frente a las diversas circunstancias de la vida a lo largo de su crecimiento, pero no llegó a acomodarse con su fe hasta el 2011. Cuando eso sucedió, hablé con mi padre.

—¿No te parece increíble que haya vuelto al Señor? —le dije.

—Oro por él todos los días —respondió mi padre con

paciencia—. Lo he hecho por todos ustedes durante todas sus vidas.

Entonces me di cuenta que él había estado orando por mí cuando me expulsaron del colegio, cuando empecé a beber alcohol y consumir drogas, cuando me quedé sin techo, cuando estuve en la prisión. Durante esos cinco años, los cambios que él observaba parecían retrocesos, no mejoras. Había orado por mi otro hermano durante treinta años sin ver ningún cambio aparente. Entonces, un día, lo que para él era una *constante* fue para mí algo *repentino*; su *constante* se volvió algo *repentino* para mi hermano.

En este recorrido, tenemos que decir constantemente: *No me rendiré hasta que hagas algo, Señor. Seguiré repartiendo Biblias aunque no vea los resultados. Seguiré levantando mi oración, año tras año, aunque no vea ningún cambio perceptible.* Después de treinta años de andar por este camino como cristiano, veo lo esencial que es la perseverancia constante. Me encanta lo instantáneo —he visto lo instantáneo—, pero lo que nunca deja de ser necesario es lo constante.

Necesitamos aprender esa perseverancia en esta cultura de la inmediatez.

La cantidad conduce a la calidad

Todos los padres quieren pasar tiempo de calidad con sus hijos, y yo estoy totalmente a favor de planear días especiales juntos. Me encantan esos momentos significativos que paso con mis hijos: conversaciones y momentos que podemos recordar con ternura, recuerdos que fortalecen nuestra relación, pero he aprendido que es difícil programar tiempo de calidad. Los hijos no siempre tienen la disposición necesaria. A veces están cansados, tienen deberes escolares que hacer o quieren salir con sus amigos. Esto es lo que descubrí: si dedicas suficiente tiempo, el tiempo de calidad llegará solo.

Pasé mucho tiempo con mis hijos durante su crecimiento. Los llevaba al colegio casi todas las mañanas; pasaba el rato con ellos jugando al *Call of Duty* hasta que me volví bastante bueno para mi edad. Paseaba al perro con ellos; íbamos de vacaciones juntos. La mayoría de los momentos de calidad, los verdaderos «recuerdos de oro», han surgido del tiempo ordinario en cantidad. Las conversaciones inesperadas, los momentos espontáneos de compartir sueños, preocupaciones, esperanzas y temores no siempre esperan hasta una noche familiar planeada. Pueden surgir durante un martes por la noche mientras secan los platos juntos. En medio de la cantidad de tiempo, tenemos momentos de calidad.

Creo que nuestro tiempo devocional funciona de manera similar. Imagínate si hubiera un capítulo en el libro de los Hechos con unos trescientos versículos que dijera algo así como: «Pablo se levantó, hizo una tienda y se acostó» o «Pedro salió a pescar. El mar estaba tranquilo; pescó lo suficiente para su familia. Luego regresó a casa, cocinó el pescado y se fue a dormir». Cientos de días del Nuevo Testamento deben haber sido así, con los apóstoles haciendo sus cosas cotidianas, normales. Quizás oraban, reflexionaban, escribían algo en su diario, meditaban sobre las palabras de Jesús ¡cuánta perseverancia repetitiva! Pero, de vez en cuando, sucedía la maravilla.

Escribí un libro sobre el tiempo que pasamos en Ibiza y, por supuesto, me centré mayormente en las mejores partes. Podría haber escrito un capítulo entero a este estilo: «Me levanté, desayuné, saqué a pasear al perro, fui al gimnasio, oré, leí mi Biblia, recogí a los niños del colegio, vi una película y luego me fui a la cama». Tendemos a mirar los videos destacados de las personas. El libro de los Hechos es un compendio de momentos destacados. Todos intentamos comunicarnos de forma atractiva e inspiradora, pero tenemos que recordar que, en la práctica, no todos los momentos de nuestra vida son apasionantes, incluyendo nuestro tiempo devocional. Ya se sabe que habrá días en que parecerá aburrido y monótono, pero si sigues haciéndolo, tendrás momentos de calidad. Cuídate de una espiritualidad que gira en torno a los puntos especiales; disfrútalos cuando vengan, pero cuando no, recuerda que Dios no se ha ido a ninguna parte. Persevera.

La perseverancia requiere repetición

Hace un tiempo, me di cuenta de que necesitaba incorporar este tipo de ritmo perseverante en mi tiempo devocional. Había un montón de personas por las que quería orar con regularidad: familia, amigos y otros conocidos. Cuando digo: «Oraré por ti», no quiero que sea una expresión bien intencionada del momento que no se cumple en la práctica. Quiero hacerlo de verdad. Cuando me cruzo con alguien que me dice: «He estado orando por ti», quiero que sea algo más que un apresurado «Dios, bendice a Brian» cuando me vio acercándome. Al reconocer mi propia debilidad en esto, decidí que debía encontrar la manera de encauzar mis buenas intenciones en acción concreta. Así que inicié una lista de personas por las que oraría cada semana.

Mi lista está bastante maltrecha ahora. Sigo con el mismo papel después de varios años. Al comienzo, era una lista bastante corta de unos treinta nombres bien escritos y espaciados, pero ahora la lista se ha expandido a trescientos setenta y cinco nombres mucho más apretados, ¡y me temo que seguirá creciendo! Quizás descubras lo mismo si empiezas a cultivar tu propia lista. No tengas miedo de los inicios pequeños y de ver cómo va creciendo. Me lleva más de una hora por semana sentarme y orar breve pero sinceramente por cada persona en mi lista, pero estoy decidido a perseverar en oración por las personas alrededor del mundo que conozco y amo. He compuesto una oración o escrito algunas palabras para cada pareja, familia o individuo, de modo que cuando llego a su nombre en mi lista, ya sé qué orar. Cuando me entero de algo más actual que es importante para ellos, oro por eso también. Para algunos, tengo un versículo bíblico específico con el que oro por ellos. He descubierto que esto me ayuda a concentrarme y a mantener mi compromiso de orar. En este tiempo designado, mantengo mi móvil al alcance de la mano para que —si siento que debo compartir un versículo bíblico o una palabra de ánimo con alguien por quien estoy orando—, pueda hacerlo en el momento. A veces mi mensaje puede ser tan sencillo como «estoy orando por ti». Estas son algunas de las oraciones que he escrito por algunas personas:

Señor, acompaña a A y B... Que tengan un encuentro contigo y también encuentren fuerzas, gracia y amigos.
Guía a A y B... Que experimenten gozo y crezcan en el liderazgo.
Acompaña a J... Dale el deseo de su corazón y dale tu provisión.

Estas palabras, escritas a mano, me recuerdan cómo orar por las personas en mi lista, pero hay muchas formas diferentes de hacerlo. Uno de mis amigos tiene fotos de las personas por las que ora; aparecen todos los días en su iPad a modo de recordatorio. En tu móvil, puedes utilizar una lista de tareas pendientes o un conjunto de recordatorios del calendario. En Oración 24-7, hemos desarrollado la aplicación «Inner Room» (Cuarto interior), la cual te ayuda a crear una lista para practicar con facilidad la perseverancia regular y la intercesión por las personas.

Persevera en oración por cosas más grandes

Este tipo de oración persistente y regular también es buena para tu vecindario, para tu pueblo o ciudad, para tu iglesia, para la gente con la que trabajas, para tu gobierno, para tu nación y para tu generación. También es bueno orar por otras iglesias y otras naciones.

Estos versículos de Isaías 62:6-7 son hermosos y vale la pena memorizarlos para inspirarte a persistir en la oración:

> Oh Jerusalén, yo he puesto centinelas en tus murallas;
> ellos orarán continuamente, de día y de noche.
> No descansen, ustedes que dirigen sus oraciones
> al Señor.
> No le den descanso al Señor hasta que termine su obra,
> hasta que haga de Jerusalén el orgullo de toda
> la tierra.

Durante nuestro tiempo en Ibiza, solíamos ir regularmente al mismo lugar y orar el capítulo entero de Isaías 62 por la ciudad de San Antonio. El lugar estaba justo al lado de una antigua torre de vigilancia con vista a la ciudad, lo cual intensificaba la experiencia. Busca tu propio lugar para ir y orar regularmente por un área específica. (Una torre de vigilancia suma, ¡pero no es esencial!). Busca un versículo para repetir regularmente en tu oración por una situación, nación o ciudad específica. El comentarista bíblico Albert Barnes parafrasea estos versículos: «No guarden silencio ustedes, ni lo dejen descansar en silencio. Oren sin cesar; y no cejen en su empeño hasta que se cumplan los deseos de su corazón, y Sion sea establecida y el mundo salvado»[2]. No dejemos que Dios descanse en silencio; oremos sin cesar. A lo largo de la

Biblia, Dios nos exhorta a través de sus profetas y maestros a ser personas que perseveran en la oración. Lo busca; lo espera.

Resumen

Aprender a ser perseverantes en una cultura de inmediatez requiere entrenamiento y práctica. Se necesita fe para orar constantemente con la esperanza de que, un día, la respuesta llegará de repente. Y solo si invertimos tiempo en cantidad tendremos esos momentos de calidad y trascendentales. A continuación, te ofrezco algunos pasos prácticos que espero que te resulten útiles:

- Escribe una lista de cosas por las que has estado orando constantemente. ¿Cómo te encuentra Dios en esto?
- Escribe una lista con nombres de otras personas que te gustaría que conocieran a Jesús. ¿Qué oración sencilla puedes hacer por ellas hoy?
- Crea una lista de otras personas por las que te comprometes a orar regularmente, y determina con qué frecuencia orarás por ellas.
- Considera escribir oraciones breves para las personas de tu lista, para ayudarte a orar de manera constante.
- Desafíate a enviar al menos un mensaje de ánimo o un versículo bíblico a alguien en tu lista cada vez que ores.
- Si estás orando por tu ciudad, busca un lugar al que puedas ir que te inspire mientras oras.

- ¿Por qué no descargas la aplicación «Inner Room» (Cuarto interior) de Oración 24-7? Es una herramienta fantástica que te ayudará a ordenar tu vida de oración y compilar listas digitales.

CAPÍTULO 9

Sencillez

VARIOS AÑOS ATRÁS, tuvimos la oportunidad de alquilar una masía en Ibiza: un hermoso edificio de novecientos años de antigüedad situado en un terreno extenso en la cima de una colina. La casa estaba rodeada de terrazas bañadas de sol desde las que se podían contemplar olivos, higueras, granados, almendros, limoneros y, a lo lejos, el mar Mediterráneo. La casa en sí era antigua y peculiar, con chimeneas abiertas, escaleras escarpadas, habitaciones con entradas entre ellas y portales por los que había que pasar con la cabeza agachada. A todo esto, la cocina tenía un antiguo horno de pan empotrado en la pared. Nos mudamos allí con otras dos personas pensando que iba a ser idílico. Teníamos la visión de invitar trabajadores a nuestro hogar en el verano para escapar del ruido y el ajetreo de San Antonio y refrescarse; de crear un centro de retiros; de que el terreno mismo fuera un lugar donde la gente pudiera ir para experimentar sanidad y restauración. La casa en sí era bastante básica, pero todos estábamos entusiasmados: la sencillez nos llamaba.

Muy pronto aprendimos una cosa: vivir de forma sencilla es *complejo*.

A las tres semanas, nos quedamos sin agua. Lo que pensábamos que era un pozo que abastecería a la casa —y todas nuestras necesidades— resultó ser nada más que una cisterna que dependía de las lluvias, ¡y no llovía mucho en el sur de España! Entonces tuvimos que pagar para que un camión subiera con el agua y llenara la cisterna. Nos resultaba caro y nos volvimos muy conscientes del uso del agua. Tomarnos una ducha pasó a un nuevo nivel de complejidad. Reservar el primer chorro de agua fría en un balde para desaguar el inodoro; cerrar el grifo mientras nos enjabonábamos con el gel de ducha o nos cubríamos el pelo con champú... y ¡nada de tomarnos un momentito para disfrutar la sensación del agua fría en verano o caliente en las mañanas de invierno!

Las paredes de la antigua casa tenían un grosor de sesenta centímetros, diseñadas para mantener la frescura en verano y el calor en invierno, lo cual parece sensato. Aunque, novecientos años atrás, nadie había considerado la necesidad de facilitar una señal telefónica o de Internet, y la ubicación recóndita hizo que, a pesar de las reafirmaciones que recibimos antes de mudarnos, ninguna compañía telefónica se disponía a instalar una línea fija para facilitar una conexión de banda ancha. Tuvimos que instalar un sistema satelital muy costoso con una capacidad de red limitada para siete personas, ¡dos de las cuales eran adolescentes que «necesitaban» su conexión a la Xbox! Como estábamos viviendo en el extranjero, luchábamos con nuestra desconexión de amigos y familia, sobre todo porque las videollamadas se tornaron imposibles.

Para colmo, dependíamos de la energía solar. En un principio, nos encantó la idea: parecía una obviedad en una isla tan soleada, pero el sistema era viejo y su instalación tenía fallas. Una vez que se agotaban las baterías de energía solar almacenada, entraba en funcionamiento un generador diésel y, por supuesto, el generador necesitaba combustible. Un solo uso del lavarropas en un día nublado dejaba a toda la casa sin luz.

Nos sentíamos aislados, agotados y frustrados. Eso se infiltró en nuestras relaciones, llevándonos a todos a nuestro límite. Al principio resistimos, y ojalá pudiera terminar este párrafo diciendo que triunfamos y que la vida sencilla se convirtió en nuestro estilo de vida, pero no sucedió así: la masía nos venció. Llevábamos adelante un ministerio ajetreado y exitoso, pero intentar añadir la «vida sencilla» había sido demasiado. Así que, al cabo de diez meses, abandonamos la masía, bajamos la colina y volvimos a un alojamiento más típico del siglo XXI. La vida sencilla no era fácil.

Algo que me ayudó a entender esta experiencia —y lo que había salido mal—, fue esta idea de Richard Foster: «La disciplina cristiana de la sencillez es una realidad *interior* que da como resultado un estilo de vida *exterior*»[1]. Habíamos optado por un estilo de vida exterior sin comprender en verdad la realidad interna de la sencillez. El idealismo puede difuminar la realidad, pero yo sigo creyendo en la sencillez. Mateo 6:16-34 nos imparte buenas enseñanzas sobre la vida sencilla en un mundo complejo: Jesús habla sobre la práctica del ayuno, de comprender lo que atesoramos y de afrontar la ansiedad.

El ayuno

> Cuando ayunes, que no sea evidente, porque así hacen los hipócritas; pues tratan de tener una apariencia miserable y andan desarreglados para que la gente los admire por sus ayunos. Les digo la verdad, no recibirán otra recompensa más que esa. Pero tú, cuando ayunes, péinate y lávate la cara. Así, nadie se dará cuenta de que estás ayunando, excepto tu Padre, quien sabe lo que haces en privado; y tu Padre, quien todo lo ve, te recompensará.
>
> MATEO 6:16-18

Entonces, ¿qué es el ayuno? El autor estadounidense Dallas Willard se refiere al ayuno como algo que «confirma nuestra dependencia total de Dios al encontrar en él una fuente de sustento más allá del alimento»[2]. Hay algo profundamente auténtico en un cristiano que ayuna, en alguien que está dispuesto a ir al Padre y decirle: «Te necesito más que a la comida». El ayuno consiste en privarse de alimentos con fines espirituales. La Biblia está llena de personas que ayunaban: Moisés, el legislador; Ana, la madre de Samuel; David, el rey pastor; Elías, el profeta; Ester, la reina; Ana, la profetisa; y así hasta Jesús, los apóstoles y los miembros de la iglesia primitiva. Misioneras modernas como Amy Carmichael, la Madre Teresa y Jackie Pullinger, entre otros, ayunaban. Podrías leer un libro entero sobre el ayuno, y uno que yo considero útil es el clásico *El ayuno escogido por Dios* de Arthur Wallis.

La disciplina del ayuno perfeccionará tu tiempo devocional, te acercará mucho más al Señor, te permitirá una sana autoevaluación y agudizará tu oración intercesora. Dicho eso, la disciplina del ayuno es mucho más que una disciplina de: «¿Qué obtengo de esto?». Podemos centrarnos demasiado en desarrollar capacidades personales, dones espirituales, sanidad y respuestas específicas a la oración; pero como expresó John Wesley sobre el ayuno, «primero, hagámoslo para el Señor, con nuestros ojos fijos solo en él»[3]. No ayunamos para obtener algo: el ayuno no fuerza la mano de Dios. El ayuno habla de nuestra hambre y seriedad ante Dios y su reino. No se trata de un régimen espiritual para adelgazar. De hecho, un profesor me dijo en una ocasión que un cristiano bien intencionado que padece de un trastorno alimenticio puede «apegarse al ayuno, diciéndose a sí mismo que está siendo un gran cristiano al realizar una disciplina espiritual —y lo es, por supuesto—, cuando en verdad solo está espiritualizando su trastorno». El ayuno no tiene que ver con el peso físico. Más bien, nos permite ver si estamos cargando con un peso inútil, o incluso pecaminoso, en nuestro caminar espiritual.

El ayuno pondrá de relieve tus deseos, tanto los buenos como los oscuros. Al acentuarse tu hambre física, pueden acentuarse otros deseos, como la lujuria, la ira, la avaricia y el egoísmo. Descubrirás a qué recurres cuando estás cansado o hambriento. Negarnos a ceder a los impulsos del hambre nos fortalece a la hora de resistir otros tipos de tentación o, como resumió Tomás de Kempis: «Absténganse de la glotonería y les será más fácil abstenerse de todas las inclinaciones de la carne»[4]. Reducir las comidas también te da más tiempo para concentrarte en la oración. Si tus rutinas familiares te lo permiten, aprovecha para orar el momento en que estarías comiendo o preparando comida.

Observa que Jesús dijo: «Cuando ayunes». Se esperaba que los seguidores de Jesús observaran esta práctica. Aun así, debemos recordar que incluso con esta expectativa, se trata de una invitación y no de una orden.

Si el ayuno es algo nuevo para ti o la idea misma te intimida, empieza con un ayuno de doce horas: no comas nada desde que te levantas hasta la cena. Esta era una práctica común en la época de Jesús, algo que muchos hacían dos veces por semana. (De nuevo, no estoy hablando de la moda del ayuno intermitente para perder peso; esto debe hacerse «para el Señor»). Luego, podrías hacer un ayuno de veinticuatro horas. Hemos descubierto que la mejor manera de empezar es saltarte la cena y no desayunar ni almorzar al día siguiente; pero algunas personas prefieren pasar el día entero sin comer.

En realidad te animo a incorporar a tu vida un ayuno de doce o veinticuatro horas como práctica regular. Recomiendo que le cuentes a un amigo de confianza para que te apoye, o que ayunes con alguien más. (Esto es muy diferente a buscar que todo el mundo lo sepa, lo cual Jesús criticó). Y recuerda, es un ayuno de comida: ¡no descuides el consumo de líquidos! A medida que crezcas en esto, es posible que desees ayunar por un período más largo: tres días, cinco días, una semana. Algunos han ayunado por veintiún días, un mes, o incluso han desafiado los límites naturales con un ayuno de cuarenta días, como hizo Jesús. No deberías intentar esto sin antes leer extensivamente sobre el tema para comprender los aspectos físicos y espirituales de lo que estás emprendiendo.

Aunque a veces oímos a la gente hablar de ayunar de algo específico, eso no es ayunar: es abstenerse. Abstenerse tiene que ver con la disciplina y el control; suele ser una expresión de pensamientos como: *Esto se ha vuelto demasiado dominante en mi vida* o *Me distraigo con esto* o *Hago esto demasiado*, lo cual nos lleva a identificar lo que en verdad atesoramos.

Tesoros en el cielo

> No almacenes tesoros aquí en la tierra, donde las polillas se los comen y el óxido los destruye, y donde los ladrones entran y roban. Almacena tus tesoros en el cielo, donde las polillas y el óxido no pueden destruir, y los ladrones no entran a robar. Donde esté tu tesoro, allí estarán también los deseos de tu corazón.
>
> MATEO 6:19-21

En algún momento de tu tiempo devocional, es bueno que te hagas la pregunta: *¿Qué atesoro?* En términos prácticos: *¿En qué gasto mi dinero? ¿A qué dedico mi tiempo? ¿En qué se centran mis pensamientos?* Preguntas como estas nos ayudan a discernir lo que valoramos, y lo que valoramos es lo que atesoramos.

Lo que atesoramos revela mucho sobre nosotros, nuestras prioridades, nuestros amores, nuestros deseos. Yo atesoro la familia, el matrimonio, la amistad, la iglesia, las vacaciones... y muchos de mis tesoros son buenos, incluso celestiales. Sin embargo, hay otras cosas a las que dedico tiempo y energía, lo cual demuestra que también son tesoros para mí, cosas que no me gusta tanto admitir y que estoy bastante seguro no son celestiales.

Una forma de comprobar si estas cosas son tesoros es preguntarnos: *¿Podría renunciar a ellas o regalarlas?* Eliminar algo de las cosas inútiles o destructivas a las que nos aferramos es un gran paso hacia la sencillez. Abstenernos de algo durante un tiempo en realidad pone de manifiesto cuánto lo valoramos y si estamos confiando más en ello que en Dios. ¿Hemos enterrado a Dios bajo el peso de todos nuestros tesoros?

No te preocupes

> Por eso les digo que no se preocupen por la vida diaria, si tendrán suficiente alimento y bebida, o suficiente ropa para vestirse. ¿Acaso no es la vida más

que la comida y el cuerpo más que la ropa? Miren los pájaros. No plantan ni cosechan ni guardan comida en graneros, porque el Padre celestial los alimenta. ¿Y no son ustedes para él mucho más valiosos que ellos? ¿Acaso con todas sus preocupaciones pueden añadir un solo momento a su vida?

¿Y por qué preocuparse por la ropa? Miren cómo crecen los lirios del campo. No trabajan ni cosen su ropa; sin embargo, ni Salomón con toda su gloria se vistió tan hermoso como ellos. Si Dios cuida de manera tan maravillosa a las flores silvestres que hoy están y mañana se echan al fuego, tengan por seguro que cuidará de ustedes. ¿Por qué tienen tan poca fe?

Así que no se preocupen por todo eso diciendo: «¿Qué comeremos?, ¿qué beberemos?, ¿qué ropa nos pondremos?». Esas cosas dominan el pensamiento de los incrédulos, pero su Padre celestial ya conoce todas sus necesidades. Busquen el reino de Dios por encima de todo lo demás y lleven una vida justa, y él les dará todo lo que necesiten.

Así que no se preocupen por el mañana, porque el día de mañana traerá sus propias preocupaciones. Los problemas del día de hoy son suficientes por hoy.

MATEO 6:25-34

Basta una simple búsqueda en Google para descubrir que la ansiedad es un enorme problema en nuestra sociedad actual. Hay cosas que nos ocurren y circunstancias en las que nos encontramos que están fuera de nuestro control, son increíblemente desafiantes y nos angustian mucho. Esto puede hacer que nos preocupemos, y lo que menos necesitamos en esos momentos es que alguien se nos acerque y nos diga: «Pues, ¡no te preocupes!». Lo que sí ayuda es orar (llevar nuestras preocupaciones a Jesús y pedir su paz en la situación, confiando en que nuestro Padre celestial sabe lo que necesitamos); pedirles a nuestros amigos y a personas de nuestra iglesia que oren con nosotros y nos apoyen y, por supuesto, buscar consejo profesional cuando sea apropiado.

También nos preocupan muchas otras cosas que tienen más que ver con la creciente complejidad de los tiempos en los que vivimos. Hay pruebas que indican que la sencillez —despejar, desenredar y simplificar nuestra vida, tanto física como mentalmente— reduce la ansiedad.

Si la sencillez es lo opuesto de la complejidad, puedo entender cómo se produce esto. En nuestra sociedad occidental, tenemos muchas opciones, y solemos considerarlo algo bueno, pero tiene su lado oscuro. Cuando tenemos que elegir e incluso si tenemos muchas opciones, nos preocupa tomar la decisión equivocada. Una vez visité un restaurante que tenía un solo plato en el menú. ¡Fue tan liberador!

Años atrás, existía la idea de que cuando llegabas a casa, cerrabas la puerta y dejabas atrás el mundo exterior. Eso ya no ocurre: la Internet ha cambiado nuestra relación con los límites del espacio, y alguien puede publicar un comentario crítico sobre mí cuando estoy descansando en mi cama al final del día. No veo que esta complejidad vaya a disminuir por ahora, así que nosotros tenemos que simplificar el menú y encontrar la manera de cerrar la puerta.

Ya sea que nuestras preocupaciones tengan que ver con cosas fuera de nuestro control o que puedan mitigarse al simplificar nuestra vida, Pablo nos hace esta hermosa invitación:

> No se preocupen por nada; en cambio, oren por todo. Díganle a Dios lo que necesitan y denle gracias por todo lo que él ha hecho. Así experimentarán la paz de Dios, que supera todo lo que podemos entender. La paz de Dios cuidará su corazón y su mente mientras vivan en Cristo Jesús.
>
> FILIPENSES 4:6-7

Cuando volvemos a entrar en nuestro tiempo devocional, creamos tiempo y espacio que le permite a Dios visitarnos con su paz que «supera todo lo que podemos entender». Es aquí donde le llevamos nuestras ansiedades, charlamos con él sobre las decisiones que enfrentamos, hablamos de las cosas que interfieren en nuestra paz. Es interesante que Pablo hable sobre la ansiedad en Filipenses 4:6-7, y tan solo cinco versículos después, hable del contentamiento: «Conozco el secreto de estar feliz en todos los momentos y circunstancias» (4:12, PDT). Me parece que no estar ansioso está estrechamente ligado al contentamiento; a no inquietarnos por lo que tenemos o no tenemos.

Resumen

Ayunar, identificar y desechar tesoros inútiles, y llevar nuestras complejas preocupaciones a Dios, puede ayudarnos a vivir con más sencillez. Aquí hay algunas preguntas que te ayudarán a comenzar. Mientras las consideras, recuerda las palabras de Pablo en Filipenses 4:6-7.

1. *El ayuno.* Revisa las formas de comenzar con el ayuno. Haz un plan.

   ¿Cuándo será mi próximo ayuno y de cuánto tiempo será?

   ¿Hay alguien que me gustaría que me acompañe en el ayuno?

   ¿Puedo establecer una rutina regular de ayuno? ¿Cómo sería?

2. *Los tesoros.* Realiza una pequeña evaluación con la ayuda de estas preguntas:

   ¿En qué gasto mi dinero?
   ¿A qué le dedico mi tiempo?
   ¿En qué se centran mis pensamientos?
   ¿A qué cosas debo renunciar, o qué debo regalar?

3. *La preocupación.* Simplifica el menú y cierra la puerta.

   ¿Qué elecciones o decisiones futuras me están produciendo ansiedad en este momento? Dedica un tiempo a orar sobre ellas en tu tiempo devocional y pídele a otra persona que también ore por ellas.

¿Qué cosas me han dicho, de modo digital o verbal, que me estén provocando ansiedad? De nuevo, ora sobre ellas y pídele a otra persona que también ore.

¿En qué momentos del día me resultaría útil guardar todos mis dispositivos?

CAPÍTULO 10

Lugar oculto

ELÍAS ES UNO de mis personajes favoritos de la Biblia. Una poderosa historia relatada en 1 Reyes 17 cuenta cómo Elías se presentó por primera vez al malvado rey Acab. La Biblia dice que el rey Acab «hizo más para provocar el enojo del Señor, Dios de Israel, que cualquier otro de los reyes anteriores de Israel» (1 Reyes 16:33). ¡No era una buena persona! Elías aparece de la nada e informa a Acab que no lloverá durante unos años. Este es un insulto explícito, pues se supone que Baal, el dios de Acab, es un dios de la lluvia, ¡y Elías acaba de anunciar que se acabará la lluvia!

La presentación de Elías es breve. A diferencia de muchos otros personajes bíblicos, ni siquiera aparece su genealogía; la única información que hay es que proviene de la región montañosa. Aun así, de alguna manera termina ocupando un lugar destacado en la corte del rey, donde proclama un edicto de Dios que tendrá un profundo impacto en la nación: «No habrá rocío ni lluvia durante los próximos años, ¡hasta que yo dé la orden!» (1 Reyes 17:1). Esta es una palabra significativa pronunciada en un lugar destacado, todo contenido en un solo versículo. Luego, los dos siguientes versículos registran las palabras de Dios a Elías: «Vete al oriente y escóndete» (1 Reyes 17:3). Elías pasa rápidamente de un lugar prominente a un lugar oculto, y podemos aprender mucho de él con relación al tiempo devocional.

¡Escóndete!

En el lugar donde se esconde, Dios le provee de una forma muy inusual. Elías, refugiado en un rincón relativamente inaccesible cerca de un pequeño arroyo, es alimentado por cuervos cada mañana y cada tarde. La ley del Antiguo Testamento establece claramente que los cuervos se consideran impuros y que los judíos no deben acercarse a ellos, ¡y mucho menos ser alimentados por ellos! Para Elías, esto sí que traspasa los límites de la comodidad. El tiempo y espacio que habita es un mundo muy alejado del palacio real; es un lugar solitario y un período de desamparo total en el que depende por completo de Dios para ser alimentado y consolado.

La historia continúa explicando que, al cabo de un tiempo, el arroyo se seca. A veces parece que eso también ocurre en nuestro tiempo devocional. Elías deja atrás su sitio junto al arroyo y se adentra más en el territorio enemigo, donde es sustentado milagrosamente por una viuda. Esto representa otro desafío para Elías: es un hombre adulto, un hombre de Dios, pidiéndole ayuda a una viuda que a su vez también depende de la caridad. Culturalmente, esto es incómodo y humillante. En este momento de humildad, sin embargo, Dios hace milagros: proporciona un suministro ilimitado de harina y aceite, lo suficiente para sostener tanto a Elías como a la viuda y a su familia.

Si sentimos que el arroyo se ha secado en nuestro tiempo devocional, puede que sea el momento de encontrar otro lugar de escondite. No me refiero a una nueva silla; me refiero a una nueva forma. A veces, Dios permite que sucedan cosas en tu vida que te hagan depender más de él. Quiere que sigas avanzando hacia un mayor nivel de dependencia, un nivel más profundo de fe. A veces, para conseguirlo, permitirá que se seque algo que antes te servía. Algo que descubrí tiempo atrás es que, cuando se trata del tiempo devocional, ¡es fácil quedarnos estancados en piloto automático! Por supuesto, Dios no cambia y siempre está presente, pero creo que nuestras formas especiales de conectarnos con él sí cambian con los años. Así que, por favor, no te sorprendas cuando eso ocurra. Si sientes que tu tiempo devocional se están secando, podría ser el momento de cambiar algún aspecto de tu esquema: la hora, el lugar, la manera, pero nunca es el momento para abandonarlo. ¡Dios le habló a Elías en medio de la sequía!

Tres años después de ordenarle a Elías que se escondiera, Dios le dice: «Ve, muéstrate» (1 Reyes 18:1, LBLA). Elías regresa y proclama que volverá a llover.

Imagínate lo frustrante y aterradora que debió haber sido esa espera en ciertos momentos, sobre todo sin saber cuándo terminaría el período de espera. Es probable que estar escondido no haya sido fácil, pero imagínate todo lo que aprendió Elías a través de la espera. Durante ese tiempo, un joven fue levantado de la muerte y hubo una provisión sobrenatural de alimentos durante tres años enteros de sequía. La proclamación profética de Elías, cumplida por la falta de lluvia posterior, lo había llevado a un lugar donde lo milagroso se convirtió en su experiencia cotidiana. Lo proclamó y luego lo vivió. Comenzó proclamando la Palabra en público, pero aprendió a vivir la Palabra en el lugar oculto.

En una cultura que valora el protagonismo, la fama, el reconocimiento y la afirmación pública, ¿cómo lidiamos con la idea de ocultarnos?

Hay algo importante en el hecho de permanecer oculto y mucho que aprender de ello. Las semillas germinan en la oscuridad; un bebé se desarrolla durante nueve meses escondido en el vientre hasta estar listo para salir; el gimnasta olímpico que realiza un ejercicio de suelo de noventa segundos pasa incontables horas practicando en el gimnasio sin espectadores; los rascacielos se asientan sobre cimientos ocultos en lo profundo de la tierra. Me alegro mucho de que cuando volví a Dios y salí de la prisión, la iglesia a la que me incorporé no me pidió que me levantara a contar mi historia. Me permitieron permanecer oculto y crecer en mi fe sin la presión de las expectativas de los demás. Contar historias de cómo Dios ha obrado en nuestra vida es estupendo: alienta a la iglesia y la inspira a seguir hablándoles a los demás de Jesús, pero el silencio fue una decisión sabia para una etapa en la que mi joven ego podría haberse deleitado con la atención. Más tarde, sí conté mi historia, pero durante un tiempo fue como si mi iglesia me permitiera pasar desapercibido y eso, en verdad, me protegió.

En general, es en el lugar oculto donde aprendemos acerca de Dios; donde nos volvemos dependientes de él, donde nos conforta y nos alimenta; donde comenzamos a confiar en que él sabe lo que hace; y donde las lecciones que aprendemos son exclusivamente para nosotros. A veces nos alimentan cuervos y nos cuidan viudas. Estar ocultos nos prepara para los momentos en que seremos visibles.

La presión de ser visibles

En nuestra cultura, es posible sentirnos obligados a mostrarnos, o al menos mostrar las partes de nosotros que queremos que la gente vea. Vemos los videos de momentos destacados de otras personas y revelamos nuestra propia versión, recopilada con esmero, de cómo queremos que nos perciban los demás. Una de mis mayores luchas al escribir este libro fue el hecho de que una vez que pones algo por escrito, ya no te puedes ocultar. Además, si escribes un libro, tienes que promocionarlo, exponerlo y venderlo. ¡Te aseguro que es un dilema!

A veces no se trata tanto de la presión de mostrarnos, como del deseo de que otros nos reconozcan; no necesariamente por nuestra fama, sino desde una apreciación de nuestros esfuerzos. Casi todos hemos vivido situaciones en las que dedicamos horas de trabajo y esfuerzo, pero luego otra persona se lleva toda la gloria. Sabemos que Dios recompensa lo que se hace en lo secreto, pero nos gustaría que los demás también lo notaran. Es un desafío tragarnos nuestro orgullo y aceptar con gracia el estar oculto.

La vida oculta se manifiesta de diferentes formas y es principalmente una lucha interna. A algunos nos resulta más fácil que a otros. Jesús permaneció relativamente oculto durante los primeros treinta años de su vida. Tras el relato inicial de su nacimiento, solo se nos vuelve a presentar brevemente a los doce años, cuando leemos que dialoga con los dirigentes del templo. Después no volvemos a verlo hasta dieciocho años más tarde. ¡Treinta años ocultos y tres años a la vista! No soy experto en la matemática, pero hasta yo puedo calcular que Jesús pasó solo un 10% de su vida en el escenario público. Treinta años de permanecer oculto... ¡y yo ni siquiera puedo enfrentar una pausa de seis semanas de las redes sociales!

En sus tres años de ministerio, Jesús fue ganando seguidores. Me hace reír cuando leo la palabra *seguidores* en los Evangelios a la luz de la cultura actual, donde el número de seguidores que uno tiene parece ser cada vez más importante. Los seguidores de Jesús literalmente lo seguían a todas partes, deseosos de escuchar sus enseñanzas y quizás esperando experimentar alguno de sus milagros. Aun así, Jesús encontró momentos para ocultarse y pasaba noches enteras en oración. Escuchamos fragmentos de lo que decía en aquellos tiempos, pero debe haber mucho más que desconocemos.

Entonces, las cosas empezaron a cambiar.

¡Jesús perdió seguidores!

Las enseñanzas de Jesús se volvieron cada vez más desafiantes, y a la gente se le hizo difícil asimilarlas. Él no decía lo que ellos querían oír, y comenzó a perder seguidores. Leemos que «muchos de sus seguidores lo abandonaron y no lo *siguieron* más» (Juan 6:66, PDT, énfasis agregado). Esto nos lleva a Juan 7:1-24, que se podría leer como una reflexión sobre las redes sociales.

Jesús era judío, y era obligatorio para todo judío varón que viviera en un radio de veinticuatro kilómetros de Jerusalén ir al Festival de las Enramadas en Jerusalén, Judea. Los hermanos de Jesús se prepararon para partir y luego le dijeron: «¡Sal de aquí y vete a Judea, donde tus seguidores puedan ver tus milagros! ¡No puedes hacerte famoso si te escondes así! Si tienes poder para hacer cosas tan maravillosas, ¡muéstrate al mundo!» (Juan 7:3-4).

¡Vaya, eso es tan real para muchos de nosotros! La presión constante de mostrarnos al mundo. Puede que presionaran a Jesús para que reconstruyera su popularidad, para que recuperara seguidores, para que se posicionara como el Mesías, el protagonista, en Jerusalén. La respuesta de Jesús es interesante:

> «Vayan ustedes; no iré al festival, porque todavía no ha llegado mi momento».

> Después de decir esas cosas, se quedó en Galilea.
> Pero después de que sus hermanos se fueron al festival, Jesús también fue, aunque en secreto, y se quedó fuera de la vista del público.
>
> JUAN 7:8-10

¿Qué? ¿Jesús acaba de mentirles a sus hermanos? La clave en realidad está en los diferentes usos de la palabra *momento*. Si Jesús hubiera querido decir que su destino final, su hora definida por Dios, no había llegado todavía, Juan hubiera utilizado la palabra griega *hora*, que significa «la hora destinada por Dios». La palabra que usa, sin embargo, es *kairos*, que significa «oportunidad» o «el mejor momento». William Barclay dice: «Lo que Jesús dijo fue sencillamente: "Si voy ahora con vosotros no tendré la oportunidad que estoy buscando. El momento no es oportuno". [...] Jesús eligió el momento con cuidadosa previsión para obtener los resultados más efectivos»[1]. El momento es importante.

Los hermanos querían que Jesús los acompañara en su viaje. Querían que dejara de pasar desapercibido, pero él entendía los tiempos. Estaban listos para darle una plataforma, pero no era el momento oportuno. Se estaban adelantando a Jesús, metiéndole prisa. Un amigo mío comentó una vez: «Nada te frena más que intentar adelantarte a Dios». Los hermanos de Jesús tenían buenas intenciones, pero se estaban adelantando a Dios, y todo esto estaba mezclado con la presión de exponerse al público. Aun así, Jesús se toma su tiempo, elige permanecer oculto y entra discretamente a

Jerusalén. Entonces, a la mitad de la fiesta, en el momento oportuno, Jesús se levanta y comienza a enseñar.

Es una lección magistral sobre cómo no ceder a la presión. Jesús nos muestra cómo permanecer ocultos. Sabía ocultarse y también sabía mostrarse. Tómate tu tiempo; no dejes que otras personas te presionen a salir de tu escondite. Cuando Jesús se mostró al mundo, naturalmente sacó a la luz lo que había aprendido en el lugar de quietud, en el lugar oculto. La gente se maravillaba de su asombrosa autoridad y capacidad para enseñar, a pesar de su falta de formación académica.

Considera tu tiempo devocional como tu lugar oculto. En el lugar oculto, llegamos a comprender los tiempos. En el lugar oculto, lidiamos con la decepción cuando parece que no ha llegado nuestro momento. En el lugar oculto, procesamos aquellos momentos en que nos sentimos ignorados. Aprendemos la alegría de ocultarnos y aceptamos la belleza de hacer lo correcto en el momento correcto.

Mi amigo sabio también dijo: «¡Lo único más difícil que esperar en Dios es lamentar no haberlo hecho!». Acepta los tiempos de estar oculto, los tiempos de espera. Encuentra la alegría en ellos.

Resumen

En un mundo lleno de videos destacados y resultados productivos, es difícil invertir en el lugar oculto. Pero esto es precisamente lo que Jesús llama a que sea nuestro tiempo devocional. Al concluir este capítulo, te resultará útil reflexionar en las siguientes preguntas:

- Haz una revisión de tu actividad en las redes sociales. ¿Representa quién eres de verdad? Tal vez puedas desafiarte a publicar una foto tuya, natural y sin filtros, para reconocer la persona única que Dios te ha creado para ser.

- Practica la abstinencia de las redes sociales. Dependiendo de cuán extensivo sea tu uso actual de las redes sociales, redúcelo a un horario o un día específico, o abstente por completo de ellas durante un período determinado. Cuando hayas hecho esto: ¿Cómo te sientes? ¿Cómo se ve afectado tu disfrute de esos momentos que no puedes publicar? ¿Cómo impacta en tu relación con Dios, contigo mismo y con los demás?

CAPÍTULO 11

Generosidad

He comenzado a darme cuenta de que, con el paso del tiempo, me vuelvo cada vez más parecido a mi padre. Nunca quise que pasara esto. No es que no me agrade mi padre. Es que siempre he sentido que soy mi propia persona. Aun así, reconozco que el tiempo que pasé con mi padre en mi vida temprana me ha impartido algunas de sus características, algunas buenas y otras malas. Hasta cierto punto, soy un reflejo de Billy Heasley.

De la manera similar, la relación que desarrollamos con Dios en nuestro tiempo devocional, en el espacio de quietud, tendrá un impacto en cómo vivimos la vida. En otras palabras, lo que ocurre en la silla no debe quedar en la silla, sino que debe ser visible en nuestra forma de vivir. Cuanto más tiempo pasamos con Dios, más nos parecemos a él: hasta cierto punto, nos convertimos en un reflejo suyo.

Una de las características de Dios es su generosidad. Leemos en Juan 3:16: «Pues Dios amó tanto al mundo que dio a su único Hijo». ¡Dios dio! Dio a su único Hijo. (Me parece extraño que a veces se enfatiza que fue el único. Yo tengo dos hijos, y no creo que tener uno extra me facilite dar a uno de ellos). ¡Qué ejemplo! Puedo entender el poderoso amor del Padre perfecto porque Dios dio. Disfruto de esta rica e íntima relación con Jesús porque Dios dio. Experimento la presencia y la guía del Espíritu Santo porque Dios dio. Una y otra vez, me sorprende la generosidad de Dios.

La entrega de Jesús, por enorme que fuera, no es una demostración aislada de la generosidad de Dios. Santiago anuncia: «Todo lo que es bueno y perfecto es un regalo que desciende a nosotros de parte de Dios nuestro Padre, quien creó todas las luces de los cielos. Él nunca cambia ni varía como una sombra en movimiento» (Santiago 1:17).

La propiedad

Debemos ser generosos porque Dios es generoso. Cuando pensamos en ser generosos, es útil preguntarnos: *¿Quién es dueño?*

Volvamos al principio de todo, donde Dios les dijo a Adán y Eva: «Sean fructíferos y multiplíquense. Llenen la tierra y gobiernen sobre ella. Reinen sobre los peces del mar, las aves del cielo y todos los animales que corren por el suelo» (Génesis 1:28). En otras palabras: «Cuiden todo esto; sean buenos mayordomos de todo». El Salmo 24 nos recuerda que la tierra es del Señor y todo lo que hay en ella. El principio fundamental de la mayordomía es que Dios, Creador de esta tierra, es el dueño de todo y nos ha dado el mandato de cuidarla. Tim Keller sube el listón cuando dice: «La falta de generosidad se niega a reconocer que tus bienes en realidad no son tuyos, sino de Dios»[1]. Pedro parece llevarlo a un nivel aún más alto cuando nos anima con esta afirmación: «Cada uno según el don que ha recibido, minístrelo a los otros, como buenos administradores de la multiforme gracia de Dios» (1 Pedro 4:10, RVR60). No solo debemos ser fieles mayordomos, sino que también debemos usar lo que hemos recibido para servir a los demás: todo lo que hemos recibido, incluyendo el dinero.

Mayordomo es una palabra anticuada que no usamos mucho hoy en día. Los diccionarios lo definen de diferentes maneras, como estas: «persona que administra los bienes o asuntos económicos de otra»; «persona que administra algo como agente de otra»; «persona que tiene a su cargo el hogar de otra»[2]. Todo suena un tanto decoroso. A lo que creo que apunta todo esto es a que tenemos la responsabilidad de utilizar los dones que Dios nos da de una forma sabia y santa que sirva a los demás.

Haríamos bien en hacernos regularmente este tipo de preguntas en nuestro tiempo devocional: *¿Estoy siendo un mayordomo fiel y generoso del dinero y los bienes de Dios?* Quizás no siempre lo hacemos porque pensamos: *Yo me lo gané. Yo me lo merezco. Es mío, no de Dios.* Puede que nunca pronunciemos estas palabras, pero quizás digamos un *Amén* interior a la memorable oración de Bart Simpson en una cena de Acción de Gracias: «Querido Dios, nosotros pagamos por todo esto, así que gracias por nada»[3].

Nos trae libertad poder comprender quién es dueño de qué y cuál es nuestro papel como mayordomos. Nos trae gozo a los mayordomos cuando expresamos el corazón del Padre, siendo generosos, así como él es generoso.

El agradecimiento

Ya hemos hablado del agradecimiento y de cómo debería ser una parte clave de cualquier tiempo devocional. Las personas agradecidas suelen ser generosas. Parecen haber comprendido lo que quiso decir Jesús cuando afirmó que «hay más bendición en dar que en recibir» (Hechos 20:35).

Durante el tiempo que estuvimos en el extranjero, dependíamos de la bondad de personas generosas que nos apoyaban económicamente. El trabajo al cual nos sentíamos llamados no era remunerado, pero ocupaba demasiadas horas de nuestro tiempo como para poder aceptar otro trabajo remunerado que cubriera nuestros gastos básicos. Algunos aportaban una cantidad mensual regular; otros enviaban un apoyo económico ocasional o una ofrenda por única vez. Tras varios años de vivir en el Reino Unido con un presupuesto limitado, mi esposa y yo finalmente llegamos a una etapa en la que ambos teníamos trabajos mejor remunerados y nos sentíamos bastante seguros de nuestra autosuficiencia económica. Así que fue un desafío no solo renunciar a eso para trasladarnos a España, sino también darnos cuenta, cuando miramos los números, de que la cantidad de apoyo mensual asegurado —aunque maravilloso— no era suficiente para cubrir las expensas mensuales y los alimentos.

Quizás suene ingenuo, pero teníamos la seguridad de que Dios proveería. Nuestra actitud, sencillamente, era: *Dios, si nos quieres allí, confiamos en que nos darás lo suficiente para pagar las expensas, comer y mantener a nuestros hijos*. Después de todo, habíamos leído la promesa de que Dios «suplirá todo lo que necesiten, de las gloriosas riquezas que nos ha dado por medio de Cristo Jesús» (Filipenses 4:19). Habíamos notado que no decía «todo lo que deseen», pero ¡estábamos contentos con que aplicara a lo que necesitábamos! Pronto ese se convirtió en uno de nuestros versículos principales en las tormentas de duda y fe vacilante que a veces se levantaban alrededor de nuestras finanzas.

Nuestro tiempo devocional al principio tenía muchas oraciones de *Dios, por favor, provee*. No tiene nada de malo: tenemos un Padre generoso que ama proveer a sus hijos. Nos dimos cuenta, sin embargo, de que, si no teníamos cuidado, podíamos centrarnos demasiado en lo que no teníamos, en lugar de dar gracias por lo que sí teníamos. Era fácil contemplar la inminente escasez de dinero y permitir que nos angustiara, que se nos metiera en la cabeza, que impactara en nuestra alimentación y perturbara nuestro sueño. La preocupación se sentaba a nuestra puerta cuando nos centrábamos en lo que no teníamos.

El apóstol Pablo dijo: «Sean agradecidos en toda

circunstancia» (1 Tesalonicenses 5:18). En algunas, dimos gracias; en otras, ¡entramos en pánico! Este pánico indicaba que a veces el miedo le ganaba a la confianza. Nos dimos cuenta de que tendríamos que hacer un esfuerzo consciente para ser agradecidos en todas las circunstancias. Al principio, esta nueva determinación nos pareció un poco forzada, probablemente porque era una acción muy planeada, pero no demoró mucho en comenzar a sentirse natural y apropiado que nuestras oraciones estuvieran llenas de agradecimiento. Nuestro enfoque principal se convirtió en gratitud; nuestro enfoque secundario, en necesidad. Con nuestro enfoque en la dirección correcta, hallamos mayor sensación de tranquilidad, calma y quietud.

Una buena pregunta que aprendimos a hacernos es: *En lugar de confiar en Dios, ¿me está preocupando o controlando el amor al dinero o el materialismo?* Dar gracias a Dios por lo que sí tenemos es el primer paso para pasar del miedo a la confianza. Nos centramos en lo que Dios ha hecho y en lo que nos ha dado, y recordamos su provisión y su cuidado por nosotros, lo cual aumenta nuestra confianza.

Lo curioso es que, aunque mi esposa y yo teníamos menos que antes, nos volvimos más generosos. La gratitud nutre la generosidad. Un corazón agradecido y confiado conducirá a una vida generosa.

La codicia

«¡Qué envidia que me estás dando!». Es algo que he oído —y también dicho— muchas veces. Si un amigo me envía una foto de sí mismo tomándose un cóctel en una playa de las Maldivas, mi respuesta instantánea es: «Qué envidia que me estás dando». Lo más probable es que su respuesta sea una carita sonriente y no un «Brian, no codicies». Es un momento pasajero, un intercambio inocente. Todos lo decimos sin mala intención. ¿Dónde empieza eso a salir mal?

«No codiciarás» es uno de los diez mandamientos, el cual se encuentra en Éxodo 20:17 (RVR60). No hablamos mucho de ello. Se nos dice que no codiciemos la casa de nuestro prójimo, su esposa, sus siervos, su buey o el burro ni nada que le pertenezca a nuestro prójimo. Me sale bastante bien no codiciar el buey ni el burro de nadie, pero soy culpable de codiciar otras cosas. No puedo evitar preguntarme qué habría en la lista de cosas que no se deben codiciar si se reescribiera en el siglo XXI. Algunas de las mismas cosas estarían allí.

Curiosamente, no se puede saber con certeza si alguien está codiciando: es principalmente un pecado interno y bastante fácil de ocultar. La codicia tiene mucho que ver con el mundo de nuestros pensamientos, el punto de partida para desobedecer muchos de los demás mandamientos. Por ejemplo, no robaríamos si antes no hubiéramos deseado algo que pertenecía a otra persona. ¡Todo empieza en la mente!

La codicia no siempre conduce a una vida de delincuencia en la que tomamos ilegalmente lo que no nos pertenece, pero sin duda nos puede meter en graves problemas. Se trata de un deseo y una seducción que puede llegar a obsesionarnos con una vida diferente de la que vivimos, queriendo cosas que no tenemos y que quizás no deberíamos tener. Estoy harto de vivir con ese descontento subyacente que me dice que lo que el Señor ha provisto para mí no es suficiente. Además, lo que ocurre en la mente tiende a salir a la luz y afectar nuestro comportamiento.

La codicia suele centrarse en el MÁS. La palabra *más* es lo opuesto a la palabra *menos*. La codicia alimenta nuestro concepto de lo que nos falta; nos volvemos temerosos de tener menos, lo que afectará nuestra capacidad y deseo de ser generosos.

Una mente que siempre quiere más no alcanza la satisfacción.

> *Motivación*: es nuestro motor; por qué hacemos lo que hacemos. Si nuestra motivación no es el amor, nos veremos impulsados a obtener, no a dar.
>
> *Obsesión*: es lo que atrae nuestra mirada, a lo que dedicamos nuestro tiempo. Si estamos concentrados en exceso en algo que queremos tener o lograr, nuestro enfoque en Dios disminuye.
>
> *Relaciones*: el cómo y el porqué de nuestros vínculos con los demás. Si nuestras relaciones carecen de amor y generosidad, nuestra tendencia será hacia el favoritismo o nos posicionaremos para recibir favores. No nos alegraremos por las bendiciones de los demás; al contrario, desearemos esas bendiciones para nosotros mismos.

Compromiso: cuán presentes estamos con los demás y con el mundo que nos rodea. Cuando nuestros pensamientos giran constantemente en torno a otras cosas, dejamos de estar comprometidos y presentes con las personas con quienes estamos: en casa, entre amigos, en el trabajo.

Si evaluamos con frecuencia nuestra manera de abordar MÁS a través del lente del amor, veremos que nuestra forma de vivir será generosa.

La contribución

Un amigo mío expresó una vez: «La mejor manera de definirte es como una contribución, no como un consumidor». Se supone que soy una contribución a este planeta, y eso significa que se trata más de dar que de obtener. Aun así, sigo cayendo en la trampa del consumismo.

El consumo excesivo tiene como motor la promoción excesiva, lo cual puede llevar al endeudamiento y a un deseo constante de subir de nivel en la vida. El impacto ambiental que generan los productos desechables es enorme: ¡eso no es una contribución! Los académicos usan el término *consumo compulsivo* para describir los efectos del consumismo en la cultura occidental. En cambio, el apóstol Pablo habla en varias ocasiones de entregarse por la causa del evangelio. Esto es lo opuesto a ser un consumidor; Pablo se convirtió en una contribución. Se entregó generosamente y por completo: no solo derramando su tiempo y su dinero, sino su vida entera.

Muchas veces me pregunto si me estoy derramando por completo, o solo goteando un poco. La generosidad consiste en vivir como una contribución en todas las esferas de mi vida: con mi tiempo, mi dinero y mi servicio. Practicamos la generosidad y somos una contribución cuando escuchamos bien, hablamos con amor, ofrecemos nuestro tiempo, invitamos a otros, servimos a los demás, abrimos nuestros hogares, damos dinero y compartimos posesiones. *¿Qué pasaría si te hicieras esa pregunta en tu tiempo devocional hoy? ¿Cómo puedo ser una contribución hoy?*

Resumen

En nuestro tiempo devocional, examinamos si estamos viviendo vidas generosas, y determinamos en nuestro corazón cómo ser dadores alegres. Un poco de autoexamen te ayudará a identificar por ti mismo qué implica vivir una vida generosa. Acostúmbrate a reevaluar tu generosidad con frecuencia.

A continuación, se incluyen algunas preguntas que te ayudarán a considerar la generosidad en tu vida:

- *¿De qué maneras estoy siendo un mayordomo fiel y generoso del dinero y las posesiones de Dios?*
- *En lugar de confiar en Dios, ¿me está preocupando o controlando el amor al dinero o el materialismo?*
- *¿Cómo contribuyo generosamente a los demás con mi tiempo, mi escucha, mi servicio, mis palabras, mi hogar, mi dinero y mis posesiones?*

- *¿Cuál es mi motivación? ¿Hago más énfasis en lo que quiero obtener o en lo que quiero dar? ¿Son puros mis deseos?*
- *¿Con qué me obsesiono? ¿Qué cosas deseo pero no necesito?*
- *En mis relaciones, ¿practico el favoritismo o el posicionamiento con el fin de obtener algo?*
- *¿De qué manera necesito estar más presente y comprometido en casa, con amigos o en el trabajo?*

CAPÍTULO 12

Misión y justicia

EN PLENO VUELO, después de cenar, mientras me acomodaba para dormir en el asiento de la ventanilla, con Irán a mi derecha y Arabia Saudita a mi izquierda, me vi sacudido por el sonido repentino de alarmas a todo volumen que me despertaron de golpe. *Colóquese su propia máscara primero.* Había oído esa frase tantas veces, pero jamás había pensado que en realidad tendría que hacerlo.

He oído las mismas palabras aplicadas a la oración: un obispo las utilizó para explicar que muchos líderes pasan su tiempo intentando ayudar a otros a ponerse sus máscaras de oxígeno sin ocuparse primero de las suyas. Si estamos tratando de mostrar a otras personas cómo inhalar el profundo amor del Padre, primero debemos hacerlo nosotros mismos. Esto es cierto en todo momento y también es importante recordarlo cuando pensamos en la misión y la justicia. Las personas más fructíferas son aquellas que tienen una relación profunda e íntima con Dios en oración; suelen ponerse sus propias máscaras primero.

Durante más de veintiún años, Oración 24-7 ha animado a otros a participar en la gran aventura de la oración, la misión y la justicia. A veces, se nos ha aconsejado: «Deberían ser un movimiento de oración o un movimiento de misión o un movimiento de justicia; ¡no pueden ser las tres cosas!». Aun así, creemos que las tres son inseparables para los cristianos. Por supuesto, personas que no son cristianas han logrado grandes obras de justicia, pero nunca queremos divorciar la oración de la misión o la justicia y perder el poder, la presencia, la compasión y la guía de Dios.

La respiración

En nuestro tiempo devocional, inhalamos a Dios: nos conectamos con lo divino. Dejamos que su corazón toque el nuestro y nos sintonizamos con él. A medida que nos alineamos con el corazón y los deseos de Dios en el tiempo devocional, él extiende nuestro enfoque más allá de nosotros mismos y de aquellos que están directamente conectados con nosotros.

Inhalamos, así que también debemos exhalar. Piensa en la respiración en el sentido natural: no podemos inhalar sin exhalar. Solo estaremos sanos —o, de hecho, vivos— si hacemos ambas cosas. Bob Pierce, el fundador de Visión Mundial, expresó una vez: «Que mi corazón se quebrante con las cosas que quebrantan el corazón de Dios»[1]. Cuando en realidad conectamos con el corazón de Dios en nuestro tiempo devocional, él quebrantará nuestro corazón por su mundo.

Hace años, cuando empezamos a orar por nuestro trabajo en Ibiza, me ponía a llorar. ¡No estoy diciendo que todos tengamos que convertirnos en una máquina de llanto! Pero el corazón de Dios nos conmoverá, y a veces eso se expresará en lágrimas. Una amiga, conmovida por la situación desesperante de mujeres víctimas de trata en un país africano, empezó a orar por ellas. Dios hizo algo en su corazón: se hizo amiga de muchas de ellas y fue a vivir y trabajar en ese país, marcando una verdadera diferencia en la vida de las supervivientes que regresaban a casa. ¡La oración es peligrosa! Cuando Dios toca nuestro corazón, a veces nos guía a personas o situaciones que difícilmente hubiéramos imaginado. Una consecuencia inevitable de pasar tiempo con un Dios a quien le importa la injusticia y cada individuo, es que tú también te preocuparás por lo mismo, y tu corazón se verá impulsado a alcanzar a otros.

Nuestra comisión

Estas son las últimas palabras que Mateo registra cuando Jesús les dijo a sus discípulos: «Se me ha dado toda autoridad en el cielo y en la tierra. Por lo tanto, vayan y hagan discípulos de todas las naciones, bautizándolos en el nombre del Padre y del Hijo y del Espíritu Santo. Enseñen a los nuevos discípulos a obedecer todos los mandatos que les he dado. Y tengan por seguro esto: que estoy con ustedes siempre, hasta el fin de los tiempos» (Mateo 28:18-20).

La tarea encomendada a los discípulos fue ir y hacer más discípulos. Lo primero que hicieron después de que Jesús ascendiera al cielo fue ir a una habitación apartada y orar. El Espíritu de Dios vino poderosamente y fueron impulsados a salir del lugar oculto e ir a la multitud, donde proclamaron las buenas noticias de Jesús. Ese día nació la iglesia. Nació en la oración y se nutrió del fuego del Espíritu Santo. Esto se convirtió en un ritmo continuo. No oraron ni se encontraron con el Espíritu Santo solo una vez: sucedió una y otra vez. Los discípulos y la iglesia primitiva se vieron envueltos en la gran labor misionera de Dios mismo: ellos eran partícipes del mover del amor de Dios hacia las personas, con Dios, la fuente de amor que los enviaba[2]. Cuando nos conectamos con Dios, experimentamos la fuente perpetua e inagotable de su amor y somos transformados, impulsados, movidos y motivados por el Espíritu Santo a poner nuestra experiencia en acción.

Esta es nuestra misión: compartir el amor que hemos hallado. El misiólogo Vincent Donovan dijo que el misionero está llamado a anunciar «la llegada del amor a la faz de la tierra, el amor que viene del Padre»[3]. Proclamamos este amor porque lo hemos experimentado en el tiempo devocional.

A medida que crezcas en tu propio camino de discipulado, fluirá naturalmente de ti el impulso de hacer más discípulos porque sentirás que este amor que experimentas es demasiado para guardarlo solo para ti. El autor y teólogo David J. Bosch señala que «los seguidores del Jesús terrenal han de convertir a otros en lo que ellos mismos han sido: discípulos»[4]. Esto es a la vez emocionante e intimidante; a veces preferiría quedarme en mi silla, disfrutando la presencia de Jesús, siendo su discípulo, aprendiendo de él. Eso suena muy agradable, ¡pero parece que seguir a Jesús nos exige un poco más!

Manos a la obra

Seamos claros: la oración es la oración. No es combustible para la misión. Ni siquiera es una estrategia para la misión. Debemos aprender a estar conscientes del mundo en el sentido amplio y dejar que su estado de quebrantamiento nos afecte y nos lleve a la acción. Una vez que nos afecta, una vez que en realidad escuchamos y tomamos consciencia del quebranto, nos ponemos a luchar por la justicia. Debemos tomarnos muy en serio el encargo de Isaías a los hijos de Israel y aplicarlo a nuestra propia vida:

> Aprendan a hacer el bien.
> Busquen la justicia
>   y ayuden a los oprimidos.
> Defiendan la causa de los huérfanos
>   y luchen por los derechos de las viudas.
>
> ISAÍAS 1:17

La oración nos llevará a hacer lo correcto a nosotros mismos y también a actuar a favor de los demás para luchar por la justicia y defender a los oprimidos.

Aprendemos cuando escuchamos. Si podemos, debemos escuchar a las personas implicadas en una situación determinada y tratar de comprender el asunto. La comprensión es la clave de la acción en cuestiones de justicia. Una vez que lo comprendamos, podremos ponernos en marcha. Lo primero que expresa Isaías aquí es: «Aprendan a hacer el bien». Podemos empezar a actuar con justicia en nuestras propias elecciones sobre qué alimentos comemos, qué residuos generamos, cómo viajamos, dónde hacemos compras, qué vestimos, en qué invertimos, y así sucesivamente. Cuando una problemática nos conmueve, podemos suscribirnos a boletines informativos para estar al día y saber cómo orar. Podemos dar dinero y volvernos colaboradores regulares de organizaciones que luchan contra la injusticia. Podrías extender tu participación: podrías dar algún servicio voluntario en alguna organización o promover el trabajo que hace. Tal vez un día, como mi amiga que se trasladó a África, puedas incluso adquirir la formación y las habilidades necesarias para marcar la diferencia en el campo e ir a donde Dios te guie.

Se verá distinto en cada caso diferente, ¡pero todos podemos hacer un impacto! Puede ser tan sencillo como conseguir que tus conocidos firmen una petición para presionar al gobierno. Puede ser que aproveches tus redes sociales para levantar la voz y compartir información que inspire a otros a involucrarse. Podrías hablar en tu iglesia local para concientizar o recaudar fondos, ya sea desde el frente un domingo o con una nota en el boletín de la iglesia. Tal vez haya también una forma de alzar la voz en la comunidad en general. Como dice Miqueas 6:8:

Oh pueblo, el Señor te ha dicho lo que es bueno,
y lo que él exige de ti:
que hagas lo que es correcto, que ames la compasión
y que camines humildemente con tu Dios.

Además de prestar atención a las problemáticas más grandes de injusticia, debemos considerar los problemas que afectan a nuestras propias localidades. Encuentra una iglesia o comunidad que esté comprometida con esto; la mayoría de las iglesias locales apoyarán a alguien que tenga una pasión por la justicia anclada en la fe y la oración. Estos tres pasos te ayudarán a explorar la justicia en tu propia localidad:

Indaga. ¿Qué ocurre en tu localidad? ¿Con qué cosas lucha la gente? ¿Qué cosas les angustia? ¿Hay algún problema evidente en tu localidad con el que te podrías involucrar?

Infórmate. Debes saber qué estás haciendo. Ponte a investigar, ¡no te involucres de lleno sin informarte de todo! Algunas esferas de la injusticia son complejas; otras son peligrosas. Debes entender en qué te estás involucrando.

Comprométete. Crea un plan de cómo vas a involucrarte y, si puedes, busca a otras personas con quienes hacerlo. Mi consejo es que no lo hagas sin acompañamiento. Demasiadas personas se terminan agotando, aislando o metiendo en problemas innecesarios por no trabajar con otros.

Recuerda: la oración te convertirá en activista, pero no dejes que tu activismo te aleje de la oración. Puedes acercarte al mundo e invertir todo tu esfuerzo para lograr cambios, pero es vital que sigas orando. En todas las naciones del mundo ocurrirán cosas que seremos incapaces de cambiar, pero siempre podremos orar.

Ora por las noticias diarias

La tragedia, el peligro y la muerte son una realidad diaria. Las aplicaciones y los sitios en línea de noticias nos dan acceso fácil a lo que ocurre en el mundo, y a menudo las noticias mundiales se infiltran en mi tiempo devocional. Creo que, en vez de tratar estos temas como una molestia, deberíamos verlos como una de las «distracciones», o más bien como recordatorios de lo que debemos abordar en oración. Aquí te muestro cómo:

Infórmate

Acude a una fuente confiable para recopilar los datos básicos de la noticia. ¿Qué ocurre? ¿Dónde? ¿Quiénes están afectados? ¿Quién deberá responder? ¿Cuáles son las necesidades en este momento?

Ora por personas

Ora por aquellos que están afectados negativamente. Ora por aquellos que han perdido familiares, amigos y seres queridos. Ora por aquellos que aún están en peligro.

Ora por circunstancias

¿Cuáles son los problemas que solo Dios puede solucionar? Pídele a Dios que intervenga y que se haga evidente su presencia.

Ora por quienes tienen el poder

¿Quiénes son los responsables que pueden influir en la situación? Ora por misericordia, compasión y sabiduría mientras enfrentan lo que está sucediendo.

Ora por la iglesia

¿Quién puede difundir el amor y la esperanza de Dios en esta situación? Ora por los pastores, las iglesias y las ONG; que tengan el respaldo de recursos, sabiduría, energía y protección para esta situación.

Ora por el mundo

A menudo sucede que cuando empezamos a orar por cosas que están fuera de nuestra propia nación o experiencia, el deseo de hacerlo crece y sentimos la urgencia de orar por muchas otras naciones y comunidades. Desde pequeño, me ha fascinado el planeta que habitamos. Cuando era niño, uno de los amigos de mi padre se mudó a Brasil para ser misionero. Cada noche, antes de ir a la cama, orábamos por él y por las personas a quienes amaba y servía. A medida que fui creciendo, leía historias de exploradores en África y me fascinaba la diversidad y magnitud del mundo que Dios ha creado. He podido viajar a muchos países maravillosos alrededor del mundo. ¡Amo este planeta!

Hay más de ocho mil millones de personas que viven, actúan e interactúan de múltiples maneras en este planeta. Esta tierra tiene tanta diversidad cultural, étnica, religiosa y política. En cualquier instante dado, coexisten la crisis y el dolor; la alegría y la esperanza; historias que nos levantan e historias que nos tiran abajo. El sentirnos abrumados es uno de los principales retos que enfrentamos cuando empezamos a orar por el mundo. Confrontados por la inmensidad de este mundo y de sus acontecimientos, pensamos: *Es demasiado grande. Hay demasiados problemas; no puedo orar por todo eso. ¿Escuchará Dios mis oraciones por el mundo?* Aquí hay tres sencillos pasos que me han ayudado a orar por este mundo, con sus ocho mil millones de habitantes y alrededor de ciento noventa y seis países.

Primer paso

Comienza por algún lado y comienza poco a poco. Pídele a Dios que te recuerde una nación. Tal vez sea una nación sobre la que has leído, o el sitio de una noticia que apareció en tus redes sociales. Empieza con una sola nación, una que te conmueva el corazón o te llame la atención. Investiga sobre el país que has elegido: infórmate sobre su ambiente y su gente. ¿Cuáles son los desafíos? ¿Cuáles son las bendiciones? ¿Qué cosas están bien? ¿Qué cosas están mal?

Segundo paso

Infórmate sobre las iglesias que operan allí y ora por ellas. Si procede, ponte en contacto con esas iglesias para preguntar cómo puedes orar.

Averigua qué organizaciones misioneras y no gubernamentales trabajan allí. Infórmate de sus declaraciones de misión y ora por ellas. Piensa de manera autóctona. Con esto quiero decir que busques organizaciones dirigidas por la población local o que empoderen a la población local y que trabajen de una manera que integre la sensibilidad cultural.

Tercer paso

Comprométete a orar. Ora por los líderes; ora por la economía del pueblo; ora por el clima; ora por la gente; ora por los desafíos; ora por bendición. Tu tiempo devocional se enriquecerá cuando viajes a estas naciones a través de la oración.

En una reunión de jóvenes en Alemania, conocí a un hombre que había vivido del lado oriental del Muro de Berlín cuando el país estaba dividido y los cristianos del este sufrían persecución. Me miró con una enorme sonrisa y me dijo: «Este es el tipo de reunión por la que solía orar cuando estaba detrás del muro». Quizás no sea recordado en la historia como un gran político o un influyente líder mundial; era simplemente un joven que oraba. ¿Será que sus oraciones cambiaron esa parte del mundo? Yo diría que sí. Porque cuando aprendemos a orar por el mundo, Dios lo cambia. ¡Tus oraciones pueden cambiar el destino de una nación!

Lánzate a la lucha

Creo que debería llegar un momento en que la injusticia en este mundo nos enfurezca. Debería lanzarnos a la lucha. Me encanta cómo lo expresa Bob Goff, autor de *El amor hace*: «Es más fácil escoger una opinión que buscar una pelea. También sé que es más fácil escoger una organización, o ponerse una camiseta, que escoger una pelea, retar al contrincante, denunciarlo y lanzar un puño. Escoger una pelea tampoco es algo pulcro. Nos tenemos que ensuciar, consume tiempo, es doloroso y resulta costoso. Se parece muchísimo al tipo de pelea que Jesús asumió por nosotros cuando retó a la muerte en nuestro nombre y venció»[5].

He conocido personas que se han sentido profundamente conmovidas por ciertas injusticias y se han lanzado a la lucha para corregirlas. Cuando inevitablemente llegaron los desafíos, algunos se sintieron abrumados; se agotaron por completo, se desilusionaron e incluso le dieron la espalda a su fe. Parte del problema es que se habían convertido en activistas, habían elegido luchar, pero luego habían permitido que las exigencias de ese activismo los alejaran de la oración regular y de la conexión con Dios.

Aquellos que luchan sin éxito son aquellos que se olvidan de entrenar y no dedican el tiempo necesario. Muhammad Alí, quizás el mejor boxeador de todos los tiempos, solía ir a campamentos de entrenamiento donde pasaba meses perfeccionando sus habilidades y preparándose para un gran combate. Se atribuye a Alí un dicho parecido a esto: «La pelea se gana o se pierde lejos de los testigos, detrás de las líneas, en el gimnasio, en el camino, mucho antes del baile bajo esas luces». Si nuestro plan es lanzarnos a la luchar contra la injusticia, es vital que nos preparemos, que entrenemos para estar espiritualmente sanos y en forma. Tu tiempo devocional es el gimnasio; es el camino por el que debes entrenar.

¿Qué pasaría si nuestras luchas contra la injusticia comenzaran en el gimnasio de la oración y en el camino de la súplica, como luchadores que doblan la rodilla una y otra vez ante la voluntad de aquel que ya ha vencido, para pedirle una estrategia divina, una intervención celestial y una plena restauración y reconciliación para este mundo quebrantado e injusto?

Resumen

Este es un capítulo pequeño sobre un asunto enorme, pero espero que los apuntes y las ideas que contiene sean útiles para ti. ¡Recuerda inhalar y exhalar! Utiliza estas herramientas en tu tiempo devocional como ayuda para comprometerte con la misión y la justicia. Y recuerda: tenemos esperanza. Dios puede cambiar el mundo, ¡y lo hace! Se puede superar hasta la mayor injusticia por el poder de la oración.

Cómo orar por personas que aún no conocen a Jesús

- Nombra personas que quieres que sean cristianas. Añádelos a tu lista de oración.
- Consigue una pulsera de cuero y hazle nudos para representar a las personas que quieres que conozcan a

Jesús. Utiliza este recordatorio visual para orar por ellas a lo largo del día.

- Coloca una pequeña piedra o canica en tu bolsillo para representar a una persona por la que oras. Cada vez que la sientas, estarás consciente de ella y te servirá de recordatorio para orar.
- ¿Qué otras formas creativas podrías idear para ayudarte a orar por los demás?

Cómo orar por la justicia

- *Usa la Biblia*. Escribe oraciones sencillas basadas en un pasaje específico (como Isaías 58, el cual gira en torno a la justicia).
- *Ve afuera*. Dirígete a un lugar relacionado con la problemática que has puesto en oración, como un albergue para personas sin techo, un hospital o un edificio municipal.
- *Ora con otros*. Reúne a un grupo de personas con las mismas convicciones: orar juntos es una de las mejores maneras de seguir adelante.
- *Sé responsable*. Algunas problemáticas de justicia tienen que ver con el crimen u otros peligros. Cuando ores, asegúrate de no ponerte en peligro.

CAPÍTULO 13
Profundidad

No TENGO TALENTO natural para nadar. Ni siquiera puedo mantenerme a flote muy bien. El resto de mi familia, en cambio, nadan como peces. Hace unos años, tuvimos la gran oportunidad de nadar con una manada de delfines en el mar Rojo. Pasamos varias horas en un barco rumbo a donde podrían estar. Cuando por fin apareció una manada, nos dijeron que saltáramos de la popa —que se agitaba para arriba y para abajo entre las olas— al mar profundo para disfrutar de la vista espectacular de delfines en su hábitat natural. Mi esposa fue la primera en saltar del barco, seguida por mis hijos. Me detuve una fracción de segundo para decidir: saltar ahora o perderme esto. Salté. La profundidad del agua me aterrorizaba, pero mi miedo a perderme algo especial me impulsó a saltar. Fui más profundo ¡y vi maravillas!

Llegará un momento en que tu tiempo devocional será una parte hermosa y bien arraigada de tu vida cotidiana como cristiano. Será una experiencia vivificante: crecerás en tu fe y en tu relación con Jesús y sentirás que estás en un lugar bueno y seguro. En algún momento, Dios te hará experimentar un deseo de ir más profundo. Dios tiene la costumbre de hacer eso. Él quiere que te sumerjas en maravillas más profundas, que veas cosas nuevas y que lo experimentes a él de nuevas maneras. Él siempre nos está llamando a más, hasta que finalmente nos llame a su presencia y hogar. Me gusta esta idea de que Dios nunca termina con nosotros; tu Padre siempre querrá llevarte hacia una mayor profundidad. A veces eso nos da miedo y otras veces nos emociona, ¡pero nunca es aburrido! Tu tiempo devocional se volverá más profundo y te conducirá a una vida más intensa y centrada en Dios. Esta profundidad tiene su origen en el tiempo devocional, pero hace olas que se expanden a toda nuestra vida. Conduce a una forma de vivir más profunda y más conectada de manera integral.

Pero ¿qué es en realidad una vida más profunda y centrada en Dios? Cuando pienso en ir más profundo, pienso en la palabra *piedad*. Al ir cada vez más profundo con el Señor, nos volvemos más santos, más como él. Es un proceso bidireccional: Dios actúa en nosotros y nosotros ponemos en marcha prácticas que nos permiten acercarnos a él. Crecemos en una mejor comprensión de quién es Dios, una experiencia más íntima de su amor, un entendimiento más amplio de su gracia. Ir más profundo significa sumergirnos más en él.

La clave está en reconocer que, al convertirnos en cristianos, nos comprometemos a seguir a Jesús y a llegar a ser más como él. Siempre hay más que conocer acerca de Dios, más que aprender sobre la forma de vivir para ser más como él, y más que experimentar de él mismo. A veces, cuando oro, hago esta sencilla oración: *Más, Señor.* No se trata del *más* egoísta de la codicia que desea más cosas. Podemos clamar *¡Más, Señor!*, no porque seamos codiciosos, sino porque Dios es generoso.

Tal vez el deseo de recibir más de Dios esté nutrido por el deseo de Dios mismo de hacer más en nosotros. Al fin y al cabo, Pablo nos describe en Efesios como «hechura de Dios» (NVI), dando a entender que Dios actúa sin cesar en nosotros: nos crea, nos da forma y nos moldea:

> Porque por gracia ustedes han sido salvados mediante la fe. Esto no procede de ustedes, sino que es el regalo de Dios y no por obras, para que nadie se jacte. Porque somos hechura de Dios, creados en Cristo Jesús para buenas obras, las cuales Dios dispuso de antemano a fin de que las pongamos en práctica.
>
> EFESIOS 2:8-10, NVI

Hechura es una traducción de la palabra griega *poiēma*, que es la raíz de la palabra *poema*. Me gusta que seamos la poesía de Dios. Un poema es una creación artística, no un ejercicio académico. No es funcional: es arte. Dios está actuando en nosotros, desarrollando nuestro carácter y moldeándonos en todo lo que él quiere que seamos, para que hagamos las obras buenas y piadosas que él ha puesto delante de nosotros. Algunos estudiosos del griego dicen que *poiēma* se traduce mejor como *obra maestra*. Somos una obra de arte de Dios: ¡su obra maestra! ¿Qué te hace sentir eso? Deja que eso penetre en tu alma y en tu corazón: eres la obra maestra de Dios, su obra de arte, su poema.

Con Dios, nos pasamos la vida siendo cada vez más parecidos a lo que fuimos destinados a ser. Nunca terminamos de aprender; nunca dejamos de ser moldeados. Nuestro futuro tiene enfoque y esperanza. Dios está tan interesado en quién te estás convirtiendo como en quién eras antes. Él conoce tu pasado. Está consciente de la trayectoria de tu vida. Ve las cicatrices que llevas y los momentos que has vivido. Ni ignora ni se despreocupa de todo lo que has sufrido, pero quiere formarte y moldearte para el futuro. Un amigo experto en el arte me explicó lo que es una obra maestra:

> Subjetivamente, diría que una obra maestra es como
> cuando sabes que has encontrado el amor. Provoca
> una reacción química, como una atracción física.
> ¡Te lleva a maravillarte! Un poco como un milagro,
> supongo. De seguro tiene algo que ver con la energía
> que el Creador invierte en la obra. Eso lo refleja.
> Su pasión se convierte en la pasión del espectador.

Cuando te encuentras con una obra maestra, lo sabes enseguida.

Dios está empeñado en continuar la obra maestra que comenzó en ti hasta completarla. Pablo nos dice con confianza: «Estoy seguro de que Dios, quien comenzó la buena obra en ustedes, la continuará hasta que quede completamente terminada el día que Cristo Jesús vuelva» (Filipenses 1:6).

A veces, las circunstancias nos potenciarán a ir más profundo. Otras veces, será porque has tomado la decisión consciente de profundizar. Dentro y fuera de nuestro tiempo devocional, hay acciones intencionales que podemos tomar mientras buscamos profundizar con Dios. Crecemos en piedad a medida que encontramos nuestra identidad en el tiempo devocional. Cuando deseamos más de él, queremos ir más profundo. Hay algunos pasos concretos y prácticos que podemos tomar para ayudarnos.

El estudio te llevará más profundo

Nuestra fe no es puramente cerebral ni solo para académicos, pero se puede adquirir verdadera profundidad a través del estudio. El estudio puede incluir la escucha de los pódcast: se destacan grandes pensadores que continuamente arrojan luz y ofrecen su conocimiento sobre las Escrituras. Un líder de la iglesia o un amigo de confianza podría hacerte algunas recomendaciones.

También es útil una Biblia de estudio: ofrecen un poco

más información sobre el texto en la parte inferior de cada página, lo que ayuda a comprender el contexto y la historia, así como algunas de las ideas detrás de lo que estás leyendo.

Muchos teólogos y maestros bíblicos han escrito libros para acompañar libros específicos de la Biblia. En lo personal, me gusta la serie de comentarios *The Bible Speaks Today* (La Biblia Habla Hoy), la cual ofrece un estudio de cada libro de la Biblia, junto con conocimientos teológicos e iluminación histórica, en un formato muy accesible. Hay muchos otros libros, desde comentarios extensos y sustanciosos hasta los más fáciles de leer; libros que explican ciertas doctrinas y posturas sobre los diversos elementos de nuestra fe; libros sobre la historia de la iglesia y sobre cómo hemos llegado a donde estamos hoy.

Recuerda, el propósito del estudio no es solo adquirir conocimientos; el propósito es ir más profundo. Vuelve a leer el capítulo sobre las Escrituras en este libro. Cuando estudies, adopta el mismo enfoque que tienes para tu tiempo devocional: estudia en un espacio de quietud con un espíritu apacible y un corazón manso para aprender, y no dejes de orar: *Habla, Señor, que tu siervo escucha.*

El servicio te llevará más profundo

¡Servir es lavar los pies! Juan 13 relata la hermosa historia de Jesús lavando los pies a sus discípulos. En aquella época, casi todos se trasladaban a pie. Los caminos eran polvorientos y el clima, en general, árido y caluroso. Los pies se ensuciaban. Si una casa tenía sirvientes, uno de ellos se encargaba de lavar los pies a los invitados. Desde luego que esa tarea jamás hubiera sido para la persona más importante en la reunión, el maestro.

En esta ocasión, sin embargo, Jesús tomó el agua y las toallas y se puso a lavar los pies de sus discípulos. ¡Era todo al revés! Los discípulos reconocieron esto al instante y se sintieron avergonzados e incómodos, a tal punto de que uno de ellos exclamó: «¡No! ¡De ninguna manera, no me lavarás los pies!». Aun así, Jesús continuó. Una vez terminada la tarea, se sentó y les preguntó a sus discípulos:

> «¿Entienden lo que acabo de hacer? Ustedes me llaman "Maestro" y "Señor" y tienen razón, porque es lo que soy. Y, dado que yo, su Señor y Maestro, les he lavado los pies, ustedes deben lavarse los pies unos a otros. Les di mi ejemplo para que lo sigan. Hagan lo mismo que yo he hecho con ustedes».
>
> JUAN 13:12-15

Esta es una instrucción para nosotros también. Estamos llamados a vivir la vida como siervos: una vida de servidumbre. Un siervo sirve cuando nadie está mirando. Un siervo nunca pregunta: «¿Qué hay para mí?». Vale la pena reflexionar una vez más sobre la generosidad a la hora de servir: ¿Cómo podemos ser siervos generosos?

Debemos estar continuamente buscando maneras de servir. Hay muchas formas de servir en la comunidad local que solo nos cuestan tiempo; ya sea como voluntarios en la iglesia local o en una organización caritativa, ayudando en un ministerio de niños o dedicando las tardes a enseñar nuestra lengua a inmigrantes. Sirve a nivel local antes de pensar en servir a nivel global. Al servir, nos acercamos más a Jesús, quien sirvió. Se convierte en parte de nuestra forma de vivir.

Servir en un viaje misionero te llevará más profundo

Hace muchos años, cuando trabajaba con jóvenes en una iglesia, llevé equipos de jóvenes a ayudar en un proyecto para personas sin techo en Nueva York. El trabajo era físicamente exigente. El calor y la humedad eran intensos. Era un reto emocional ver personas en diversos estados de angustia. Aun así, servíamos y aprendimos mucho, tanto del propio servicio como también de la experiencia compartida de trabajar codo a codo y bajo presión, haciendo algo que sentíamos que Jesús también hubiera hecho. Cuando traspasamos los límites de la comodidad y de los entornos habituales, aprendemos mucho sobre Dios, sobre los demás y sobre nosotros mismos.

Los equipos misioneros son una forma maravillosa de ampliar nuestras reflexiones sobre la misión y la justicia. Con el paso de los años, empecé a preocuparme un poco porque algunos equipos misioneros se asemejaban a grupos turísticos cristianos: unos cuantos cristianos occidentales adinerados que van de paseo a un orfanato de niños abandonados en Kenia ofreciendo diversión, risas, regalos y mucha atención durante dos semanas, para luego regresar a casa y abandonarlos. A diferencia de esto, te recomiendo que busques un equipo de misión que sirva a una comunidad, que se dedique más al desarrollo que al apoyo. Asegúrate de que el objetivo sea reforzar y servir a la población local de una forma realmente constructiva. Cuando dirigíamos la obra de Oración 24-7 en Ibiza, no podríamos haber logrado todo lo que construíamos cada verano sin la ayuda de los equipos misioneros, pero es importante recordar que estos equipos deben centrarse en las personas a las que estas sirviendo, no en ti.

Los retiros te llevarán más profundo

Los contratos laborales de todos los empleados de Oración 24-7 exigen tomarse un día al mes para un retiro. Dedicamos esa jornada laboral a la oración y a la reflexión porque vemos la necesidad del retiro para profundizar en Dios. No hay ninguna agenda estipulada para el día de retiro. Puede incluir cosas como leer, hacer una caminata larga, visitar una iglesia, escribir en el diario, cualquier cosa que dedique el tiempo y los pensamientos a Dios. Es posible que tu contrato laboral no te dé esta oportunidad, pero aun así te animo a buscar alguna manera de hacer un retiro que se adapte a tu carácter y a los modos de reflexión que te resulten más constructivos. He estado en retiros de silencio; para algunas personas, este es el ideal absoluto, pero en lo personal, ¡me resulta una lucha! También me he ausentado durante veinticuatro horas para orar, reflexionar y ordenar mis pensamientos. Otra opción es ir a un retiro guiado, en el que te guían a través de diversas actividades o prácticas espirituales.

Estos suelen estar dirigidos por personas o guías escritas que dan forma al tiempo de retiro.

Cuando hacemos un retiro, nos retiramos del trabajo, nos retiramos de nuestros ritmos habituales, nos retiramos del ajetreo y de la gente para pasar un tiempo devocional prolongado con el Señor. Los viajes hacia el lugar oculto suelen tener su origen en los retiros.

Los peregrinajes te llevarán más profundo

Algunas personas viajan a sitios antiguos para conocer lo que ocurrió allí en el pasado: viejos sitios de avivamiento espiritual, sitios donde hubo martirios, sitios donde se produjeron milagros o se vieron visiones. Visitas como estas pueden despertar tu imaginación y conmover tu fe porque te conectan con la historia más grande de la fe a través de la historia.

Otras personas van a iglesias donde Dios parece estar haciendo cosas extraordinarias para experimentar por sí mismas lo que está sucediendo. Mis peregrinajes personales suelen ser a iglesias de tradiciones a las que no pertenezco hoy en día. Allí he experimentado una nueva visión, comprensión y profundidad en cosas que son diferentes de lo habitual para mí. Aunque me crie en una iglesia protestante y todavía practico mi fe dentro de esa tradición, mi vida se ha visto enormemente enriquecida por la iglesia católica y la calidez y autenticidad de las personas que he conocido en ella. He aprendido mucho de la devoción católica y de la riqueza de su tradición.

La crisis te llevará más profundo

A veces, lo que nos lleva a lo más profundo no es algo que elijamos o que deseemos. No siempre es algo que nosotros producimos: puede ser algo que nos sucede. Tengo amigos que han pasado por increíbles momentos de dolor, pena y pérdida: no los pidieron, no los merecían, no se los buscaron y preferirían no haberlos sufrido. Pero han salido de esos tiempos oscuros como personas más profundas y más piadosas. Dios tiene una tendencia de sacar cosas hermosas, incluso de los momentos más difíciles y feos.

Un amigo y yo pasamos por una época especialmente difícil en la que nos sentimos muy defraudados por un líder de gran influencia. Estábamos decepcionados y desilusionados porque alguien a quien amábamos y admirábamos había cometido un grave error y, a fin de cuentas, había tomado decisiones que eran incompatibles con la permanencia en su función de liderazgo. Yo estaba destrozado; él era mi héroe. Había querido ser como él, pero me decepcionó. Mi amigo y yo nos llamábamos a menudo mientras procesábamos nuestra decepción compartida. Una noche, cuando le pregunté cómo estaba, me contestó: «A veces me siento al borde de la cama y pienso: *¿Vale la pena todo esto?* Y entonces decido creer. A veces, Brian, tenemos que decidir creer aunque no tengamos ganas de hacerlo». La crisis lo llevó más profundo. Él no lo deseaba ni lo pidió; pero cuando llegó, decidió creer a pesar de la crisis.

Muchas veces no es en medio de la crisis, sino *después* de haber pasado un tiempo en ella, que experimentamos la sensación de ir más profundo. Hoy, mi amigo es un hombre más profundo gracias a la forma en que afrontó aquella época.

El refinamiento delicado

Charles Spurgeon dijo una vez: «Todo lo que unos estudios teológicos pueden hacer por los estudiantes es burdo y superficial comparado con el refinamiento espiritual y delicado que proporciona la comunión con Dios»[1]. Me encanta esa frase: *refinamiento delicado*. Es tan tierna. Dios te refina delicadamente hasta convertirte en la obra maestra que anhela que seas. Dios siempre es tierno, siempre es bondadoso, incluso cuando las circunstancias son duras. Cuando nos enfrentamos con nuestras áreas de pecado o comportamientos dañinos que necesitamos dejar atrás, él es bondadoso.

El Salmo 23 es, tal vez, el salmo más famoso y habla de Dios como un Pastor: «En lugares de verdes pastos me hace descansar» (Salmo 23:2, LBLA). El comentarista bíblico Rolf Jacobson explica que esta traducción es algo rígida y no transmite del todo el amor de Dios como el Pastor; indica que la frase hebrea *me hace* «denota la agencia activa del pastor en la búsqueda de un entorno en el que las ovejas puedan prosperar»[2]. Dios nos está refinando delicadamente; está constantemente buscando conducirnos a un entorno en el que podamos prosperar.

Resumen

Ir más profundo es importante. Podemos aceptar este camino hacia la piedad, permitiendo que impregne cada parte de nuestra vida, desde el tiempo devocional hacia todo lo demás. Entonces, mientras te vas refinando a través de lo que ocurre en tu camino para que prosperes, estas preguntas te pueden resultar útiles:

- ¿Qué se siente ser descrito como la obra maestra de Dios, su poema, su obra de arte?
- ¿Cómo puedes servir a nivel local? ¿En tu iglesia? ¿En tu comunidad? ¿En tu familia? ¿Entre tus amigos o colegas?
- Si pudieras irte de viaje con un equipo misionero, ¿a dónde irías y por qué?
- ¿A dónde te interesaría hacer un peregrinaje? ¿Cómo puedes hacer que eso suceda?

Aquí tienes algunos ejercicios útiles:

- Elige un libro de la Biblia y estúdialo. Averigua cuándo fue escrito, a quién fue dirigido originalmente y cómo ha sido recibido por otros a lo largo de los años. ¿Qué tiene de contencioso? ¿Qué tiene de reconfortante?

- Profundiza en un libro entero de la Biblia. Acuérdate de comenzar con la oración *Habla, Señor, que tu siervo escucha*.

- Tómate un día libre y aprovéchalo como un día de retiro. Sal a caminar, reflexiona en las Escrituras, lee un libro, mira alguna obra de arte. Intenta dedicarle las ocho horas de tu jornada.

- Organízate para ir a otra iglesia una semana; asiste a una reunión de iglesia que no sea de tu propia tradición. ¿Qué cosas observas? ¿Qué cosas son diferentes? ¿Qué tiene en común esta iglesia con la tuya? ¿Qué aporta el estilo diferente a tu comprensión actual?

CAPÍTULO 14

Temporadas

El salmista dice: «Prueben y vean que el Señor es bueno» (Salmo 34:8). El profeta y poeta Isaías dice:

> ¿Alguien tiene sed?
> Venga y beba,
> ¡aunque no tenga dinero!
> Vengan, tomen vino o leche,
> ¡es todo gratis!
> ¿Por qué gastar su dinero en alimentos que no les dan fuerza?
> ¿Por qué pagar por comida que no les hace ningún bien?

Escúchenme, y comerán lo que es bueno;
disfrutarán de la mejor comida.

ISAÍAS 55:1-2

En la Nueva Versión Internacional, el título de la sección es «Invitación a los sedientos». Yo lo ampliaría a «Invitación a los sedientos y hambrientos». Tenemos ante nosotros un hermoso banquete, un verdadero deleite, una oportunidad de probar y ver que el Señor es bueno. La mesa está repleta de los mejores manjares. El cálido llamado de Dios a cada uno de nosotros es esta invitación al sediento y al hambriento: «¡Ven, come! ¡Ven, prueba! Ven y experimenta todo lo que tengo para ti». Habrá diferentes comidas en diferentes estaciones de tu vida, diferentes platos que probarás cuando te sientes con Dios en tu tiempo devocional. Mientras persigas con sed y hambre tus encuentros con Dios, cada estación de tu vida se llenará con los manjares más ricos. Te invito a que te sientes a la mesa, o des un paseo por el jardín, para deleitarte con todo lo que él tiene para ti.

Puedes experimentar este banquete en la primera luz por la mañana, en el camino al trabajo, en un gimnasio sudoroso, en la pausa del almuerzo o en el fresco del día. Puedes encontrar a Dios en tu silla, al pasear el perro, bajo la sombra de un árbol o incluso bajo tu cobertor. Este sentimiento, esta conexión, este tipo de encuentro, puede ocurrir en una prisión, en un palacio, en el santuario de una iglesia, en un jardín o en tu coche. Dondequiera que estés, él también está. El tiempo devocional es el lugar de oración y de encuentro. La silla en la que nos sentamos y el jardín por el que paseamos se convertirán en una hermosa constante en nuestra vida aunque la vida siempre cambie. Nuestro tiempo devocional será diferente según la estación espiritual en la que nos encontremos.

En el tiempo devocional, puedes crecer en tu comprensión de la Biblia y guardar la Palabra de Dios en tu corazón al memorizarla y meditar en ella. En el tiempo devocional, aprenderás a examinar tu vida. Es el momento de ejercitar la práctica de escribir en un diario, de considerar lo que significa vivir con sencillez, de detenerte a reflexionar para maravillarte y activar tu imaginación. El tiempo devocional te conducirá a otros desafíos: a recorrer un camino de perseverancia y a establecer el hábito del ayuno. Profundizarás tu comprensión de cómo vivir de manera contracultural: buscando la vida oculta en una era de promoción, adoptando la generosidad en lugar del egoísmo, expresando la gratitud en lugar de la codicia y siendo una contribución en vez de un consumidor. A medida que alineas tu corazón con el corazón de Dios, tu amor por las personas y por la justicia se expandirá y te impulsarán al servicio, la misión y la lucha por la justicia. Tan pronto como profundices en tu tiempo devocional, crecerás en santidad y aceptarás el aprendizaje en los tiempos difíciles. Esto no sucede de la noche a la mañana, sino que crece en nosotros a lo largo de nuestro camino por las *estaciones* de la vida.

Observa las estaciones

Uno de los pocos beneficios que me brindó la pandemia de COVID-19 en el 2020 y el 2021 —cuando se nos indicó quedarnos en nuestra zona local y el ejercicio se limitó a una caminata por día— fue observar las estaciones. Vivo en una zona rural de Inglaterra, donde la agricultura es una de las principales industrias, pero nunca me había tomado el tiempo de parar y observar las estaciones que son tan necesarias para el crecimiento y la producción de los cultivos. Mi enfoque había sido mucho más limitado: pensando en el impacto del clima en mis planes y mi disfrute personal. Ahora he pasado por los mismos campos a través de las estaciones cambiantes del año. He visto esos campos vacíos y llenos, verdes y dorados. Cada etapa es necesaria, a su manera, para permitir que la semilla se plante, eche raíces, brote y crezca hasta convertirse en todo lo que está destinada a ser. Tengo cuatro obras colgadas en la pared de mi cuarto: son de una hermosa serie del artista español Eusebio Sempere, titulada *Las cuatro estaciones* y representando... ¡las cuatro estaciones! Son muy sencillos, pero de alguna manera transmiten los diferentes tonos, matices y colores de las estaciones.

Las distintas estaciones proporcionan distintas experiencias y abordamos cada una de ellas de manera diferente. En el mundo natural, nos proporcionan distintos alimentos, distintas intensidades de luz, distintas temperaturas. Podemos considerar las estaciones de la vida tanto espiritual como naturalmente, y nuestro tiempo devocional se verá afectado y moldeado por las estaciones de la vida. Eclesiastés 3:1 nos dice: «Hay una temporada para todo, un tiempo para cada actividad bajo el cielo». Las estaciones son interdependientes y están interconectadas; cada estación ve la partida de una criatura y la llegada de otra. Las estaciones también pueden ser un espejo de la espiritualidad de nuestra propia vida, y cada estación ofrece diferentes platos para saborear en nuestro banquete.

La primavera es una época de vida nueva, nacimiento e inicio. Cuando te encuentres en una estación primaveral en tu tiempo devocional, te sentirás lleno de vida. Podrás involucrarte en nuevas aventuras y encarar tu tiempo con Dios con un entusiasmo renovado. El mundo parece estar lleno de posibilidades: habrá fervor, emoción y energía en tus tiempos con Dios. Este es el momento para fortalecer tu corazón, memorizar, meditar en la Palabra y nutrir tu alma.

El verano es una época para cosechar, dar fruto y ser productivo. Cuando te encuentres en una temporada de verano, quizás sientas la atracción de centrarte en el trabajo que tienes por delante. Estás en un tiempo de resultados y de alto rendimiento, y es aquí donde vendrá la tentación de acortar tus tiempos con Dios y seguir adelante con el día. En esta estación es muy importante parar y levantar la mirada. No dejes que lo que estás haciendo desplace a Aquel por quien lo haces. Mira hacia arriba, hacia atrás, hacia delante y —lo más importante—, tómate tiempo para maravillarte.

El otoño es una época de cambio, belleza y preparación. Al encontrarte en una estación otoñal, tu tiempo devocional estará lleno de gratitud, como las fiestas de la cosecha que se celebran para agradecer por todo el bien que el Señor ha hecho. La gratitud es, a menudo, un proceso de reflexión que conduce a una temporada de evaluación. Las estaciones que se sienten otoñales pueden ser un buen momento para revisar lo que atesoramos y considerar a qué debemos renunciar: ¿Podría ayudarte un tiempo de ayuno o abstinencia? Un ritmo más lento también te dará espacio para controlar la ansiedad.

El invierno es una época de descanso, poda y muerte. Encontrarte en una etapa de invierno puede ser la más dulce de las experiencias: tendrás tiempo para descansar, para sentarte en tu silla y relajarte. En esos momentos, sentirás la calidez y la cercanía del Padre. Quizás pienses en el invierno como una época dura, estéril y carente de vida, pero ocurren muchas cosas en sus espacios ocultos. En el invierno, crecerá tu perseverancia. Puede que tengas que aguantar un poco y esforzarte para no rendirte, pero la alegría de resistir se fortalece con el conocimiento de que después de cada invierno hay una primavera.

Las estaciones son necesarias; permiten la muerte, el rebrote, el renacimiento, el descanso, la restauración, el crecimiento, la incubación y tantas cosas más que muchas veces se entremezclan y fusionan. Cada una cumple una función específica. Lo inherente y maravilloso de las estaciones, sobre todo, de las difíciles, es que pasan.

Aparte de las estaciones que reflejan el mundo natural, también experimentamos estaciones que se parecen más a las temporadas de la vida, y nuestro tiempo devocional también será diferente a lo largo de ellas.

Temporadas de espera: Tendrás que esperar

Habrá temporadas en las que se te pedirá esperar, en las que desearás avanzar, pero sentirás las restricciones del tiempo y las circunstancias. Hay mucho que aprender en una temporada de espera, pero dos cosas que en realidad creo que ayudarán son: *ser paciente y estar presente*.

Cuando vuelvo a leer lo que escribí en mi diario durante temporadas de espera, queda claro que mi impaciencia por lo que tenía por delante a menudo hacía que me costara estar plenamente presente. C. S. Lewis escribe sobre el peligro de enfocarnos solo en el pasado o en el futuro, afirmando que «el futuro es [...] la parte más completamente temporal del tiempo, porque el pasado está petrificado y ya no fluye, y el presente está totalmente iluminado con rayos eternos»[1].

En una época de espera, no te quedes lamentándote sobre el pasado, diciendo *«Si tan solo»* u *«Ojalá»* y mirando hacia atrás. A la vez, no permitas que la mirada hacia el futuro domine tus pensamientos de modo que todos giren en torno a «algún día». Quiero que esté claro que no estoy fomentando una actitud hedonista de vivir el momento. Es bueno reflexionar sobre el pasado y hacer planes para el futuro, pero no cuando nos impulsa hacia la impaciencia, la frustración o la nostalgia de un momento que ya pasó o que aún está por llegar. Vive en el presente que está «totalmente iluminado con rayos eternos». El aquí y el ahora son importantes para ti y para tu identidad en esta temporada.

Temporadas de muerte: Habrá muerte

Como cristiano, mi fe se basa en la realidad de la muerte y resurrección de Cristo; pero todavía no me siento del todo cómodo con las temporadas de muerte. Un amigo mío estaba cuidando a su padre en sus últimos días; aunque era cristiano, su padre tenía un poco de miedo y se puso nervioso al acercarse el final. Mi amigo le dijo con ternura y bondad a su padre: «Se necesita tanta fe para morir como para vivir». Creo que eso también aplica cuando la muerte a la que nos enfrentamos no es un fallecimiento literal. ¿Tenemos la fe necesaria para permitir que las cosas mueran, para soltarlas, para dejarlas atrás, para terminar algo, para alejarnos? Esta es una de las temporadas más exigentes que jamás experimentarás: la temporada de la muerte de algo que ha sido importante para ti. Jesús dijo: «El grano de trigo, a menos que sea sembrado en la tierra y muera, queda solo. Sin embargo, su muerte producirá muchos granos nuevos» (Juan 12:24).

En este momento, ¿qué cosa te está pidiendo Dios que dejes morir? ¿Es una relación, un cargo, un trabajo, un sueño, una organización, un ministerio? Nuestra fe se construye en torno a la centralidad de la muerte y la resurrección y, sin embargo, parece que muchas veces luchamos con la muerte. Quizás no sea la mejor manera de decirlo y suene demasiado oscuro y dramático, pero *¡acepta la muerte!* Piensa en palabras como *detenerse*, *cambiar*, *mudarse* y *marcharse*. Es bueno reconocer que son indicadores del sacrificio; del dejar ir. La muerte y el soltar nunca son fáciles y a veces nos llegan de manera inesperada, pero a menudo resulta necesario para que nazca algo nuevo.

Cambios de estación: El cambio es constante

El cambio es inevitable. Hay cambios que podemos prevenir, resistir o demorar, pero como no todo depende de nosotros, el cambio llegará de alguna forma. A algunas personas les gusta el cambio, o al menos lo que el cambio parece prometer. Otras prefieren la comodidad de lo conocido y que todo siga igual. Algunos cambios traerán alegría, esperanza y emoción. Otros cambios nos producirán incertidumbre, inseguridad y miedo. Lo seguro es que el cambio llegará.

Temporadas ancladas: Tendrás que hacer sacrificios

Las anclas pueden ser responsabilidades, obligaciones y compromisos que asumimos. Los padres mayores, los hijos en etapas clave del sistema educativo, los problemas de salud, los contratos laborales y las limitaciones económicas pueden actuar como anclas. Las anclas nos sujetan, nos impiden flotar libremente, nos impiden avanzar. Nos mantienen fijos en un lugar.

Muchas veces, para cumplir con las responsabilidades que conlleva un ancla, tendremos que sacrificar otras cosas; cosas que en realidad nos hubiera gustado hacer. Ni culpes al ancla ni te frustres con ella; encuentra la alegría y acepta el ancla como algo propio de la temporada. Acepta el sacrificio: te permitirá aprender algo de la naturaleza sacrificial de Dios. Pregúntate qué te están enseñando tus obligaciones y responsabilidades.

La sorpresa de la quietud

He vivido temporadas muy claras y definidas en mi vida. Algunas han sido gratificantes, otras desafiantes y algunas incluso oscuras. He vivido temporadas en las que mi tiempo devocional se ha sentido fresco y lleno de energía. He vivido otras temporadas en las que apenas me he podido motivar. He tenido tiempos devocionales que han durado tres minutos y he pasado otros días sin dedicar ningún momento para dirigirme a mi Padre de manera significativa. Me tranquiliza saber que Dios comprende cuando nosotros, seres frágiles, en ocasiones exponemos nuestra fragilidad.

Dios todavía me sorprende: ¡está repleto de cosas nuevas! Pareciera que su creatividad y sus formas de relacionarse conmigo no tienen límites. Me atrae al tiempo devocional y con frecuencia pone delante de mí nuevos platos para saborear. Me asombra su generosidad. Una y otra vez, sale a nuestro encuentro —sus criaturas deficientes, débiles y distraídas— con incomparable generosidad, amor y bondad.

A medida que me acerco regularmente a mi tiempo devocional, me reconforta saber que estoy acercándome a un Dios amoroso e indomable, pero también estable. ¡Está lleno de sorpresas, pero no se irá a ninguna parte! Me espera, me lleva más profundo, me llama a la aventura. A lo largo de los años, ha quedado claro que, sea cual sea la temporada que esté atravesando, él está ahí. No me ha defraudado ni una sola vez; ha sido fiel, constante y confiable. Mi oración es que tú también atravieses las estaciones de la vida con un tiempo devocional que te nutra. Así que busca tu silla, sírvete un café y acomódate allí para vivir la gran aventura de la quietud plena.

Permíteme despedirme con una bendición: mi oración para tu tiempo devocional.

Que tu silla sea bendecida con la presencia de lo divino.
Que tu caminar con Dios sea un placer que te sostenga.
Que su Palabra te nutra, que su mundo te hable y que su Espíritu impulse tu imaginación.
Escribe sobre su bondad, habla de su generosidad, practica la gratitud, confía siempre.
Que tu más sea solo para él y tu menos sea solo hacia el pecado.
Detente, levanta la mirada y maravíllate ante todo lo que ves.
Vive con sencillez.
Encuentra a Dios en el lugar oculto y escóndelo en tu ser. Ten la tenacidad de la perseverancia; ¡lucha!
Encuentra la alegría en el dar; entrégate a ti mismo; vive tu vida para los demás.
Lleva el amor de Cristo a los perdidos, su libertad a los cautivos, su consuelo a los quebrantados y su sanidad a los enfermos.

Piérdete en las profundidades del amor del Padre;
encuéntrate en él.
Disfruta del banquete; acepta las estaciones.
¡Quédate quieto y sabrás que él es Dios!
Amén.

Agradecimientos

A Tracy: este libro no hubiera sido posible sin ti. Gracias por soportar mi mala gramática y por hacerme las preguntas difíciles que mejoraron mi redacción. Eres mi sol. A Daniel, Ellis y Natasha: este libro es para ustedes. Ustedes brindan la alegría y también la inspiración mientras desarrollan sus vidas de fe de maneras tan auténticas.

A Mike Andrea: tu amistad, liderazgo y apoyo han sido ejemplares. ¡Gracias! A Pete Greig: tus reflexiones constructivas y tu aliento constante siempre me ayudan en mis momentos de duda. A Joanna Callender: si no fuera por tu ojo para el detalle y tu habilidad para ver lo que se leería bien, esto hubiera sido un desastre total.

Al equipo de Oración 24-7, y en especial a la banda de chequeo matutino: estos últimos dieciocho meses han sido extraños y alegres. Sin su acompañamiento cada mañana, esto hubiera sido casi imposible; así que, muchas gracias a Carla, Nick, Richard, Rich, Ebony, Emily, Holly, Tandia, Jake, Wardy, Rachel, Roger, Jill, Phil, Ian, Laura, Tanya y Keith.

A Hannah Heather: muchas gracias por la invitación original a hablar con estudiantes e inspirarme a llevar esto más lejos. Y a Charles y Margaret Douglas: su apoyo en oración ha sido de gran ayuda durante todo este proceso. Gracias.

Muchísimas gracias, por supuesto, a Elizabeth Neep y al equipo de SPCK. Gracias por su paciencia y su aliento.

Bibliografía

Barclay, William. *The Gospel of Matthew: Volume 1*. Edimburgo, Reino Unido: Saint Andrew Press, 2009. Publicado en español como *Mateo: Comentario al Nuevo Testamento Vol. 1*.

Beckett, Hermana Wendy. *The Story of Painting*. Londres: DK, 2000. Publicado en español como *Historia de la pintura*.

Bosch, David J. *Transforming Mission*. Maryknoll, NY: Orbis, 2011. Publicado en español como *Misión en transformación*.

Chesterton, G. K. *Orthodoxy*. Nueva York: Shaw, 2001. Publicado en español como *Ortodoxia*.

Comer, John Mark. *The Ruthless Elimination of Hurry* [Elimina la prisa de tu vida]. Londres: Hodder & Stoughton, 2019.

Crossway (sitio en línea). «Infographic: You Have More Time for Bible Reading than You Think» [Infografía: Tienes más tiempo para leer tu Biblia de lo que piensas], 19 de noviembre del 2018, https://www.crossway.org/articles/infographic-you-can-read-more-of-the-bible-than-you-think/.

Donovan, Vincent J. *Christianity Rediscovered* [El cristianismo redescubierto]. 4.ª ed. Londres: SCM, 2009.

Dostoyevski, Fiódor. *The Brothers Karamazov*. Nueva York: Macmillan, 1912. Publicado en español como *Los Hermanos Karamazov*.

Ellicott, C. J. *A Bible Commentary for English Readers* [Comentario bíblico para lectores ingleses], vol. 1, Londres: Cassell, 1884.

Emerson, Alain. *Luminous Dark* [Oscuridad luminosa]. Edimburgo, Reino Unido: Muddy Pearl, 2017.

Foster, Richard J. *Celebration of Discipline*. Londres: Hodder & Stoughton, 2008. Publicado en español como *Celebración de la disciplina.*

France, R. T. *The Gospel of Matthew* [El evangelio de Mateo]. Grand Rapids, MI: Wm. B. Eerdmans, 2007.

Gabel, Helmut. «Ignatian Contemplation and Modern Biblical Studies» [La contemplación ignaciana y los estudios bíblicos modernos]. *The Way* 44, n.º 02 (2005).

Goff, Bob. *Love Does: Discover a Secretly Incredible Life in an Ordinary World.* Edimburgo, Reino Unido: Thomas Nelson, 2012. Publicado en español como *El amor hace: Descubre una vida secretamente increíble en un mundo ordinario.*

Goldingay, John. *An Ignatian Approach to Reading the Old Testament* [Enfoque ignaciano para leer el Antiguo Testamento]. Cambridge, Reino Unido: Grove, 2002.

GrahamDixon, Andrew. *Caravaggio: A Life Sacred and Profane*. Londres: Penguin, 2011. Publicado en español como *Caravaggio: Una vida sagrada y profana.*

Greig, Pete. *God on Mute: Engaging the Silence of Unanswered Prayer*. Chester, Reino Unido: Kingsway, 2007.

———. *Cómo orar: Una guía práctica y sencilla para gente común*. Carol Stream: Tyndale, 2025.

Keller, Timothy. *Generous Justice: How God's Grace Makes Us Just*. Londres: Hodder & Stoughton, 2010. Publicado en español como *Justicia generosa: Cómo la gracia de Dios nos hace justos.*

Kidner, Derek. «Genesis 2:5, 6: Wet or Dry?». Tyndale Bulletin 17 (1966).

Kierkegaard, Søren. *For Self-Examination / Judge for Yourself: Kierkegaard's Writings* [Para la autoevaluación / ¡Juzga por ti mismo!: Escritos de Kierkegaard], *XXI*, Volumen 21, ed. y trad. Howard V. Hong y Edna H. Hong. Princeton, NJ: Princeton University Press, 1991.

Klinger, Eric. *Daydreaming: Using Waking Fantasy and Imagery for Self-Knowledge and Creativity* [Soñar despierto: Usando la fantasía y la imaginación para el autoconocimiento y la creatividad]. Los Ángeles: Jeremy P. Tarcher, 1990.

Leonhardt, Douglas J. *Finding God in All Things* [Encontrando a Dios en todas las cosas]. Milwaukee: Marquette University Press, 2009.

Lewis, C. S. *The Screwtape Letters*. Londres: Fount Paperbacks, 1977. Publicado en español como *Cartas del diablo a su sobrino*.

———. *The Weight of Glory and Other Addresses*. Nueva York: Harper Collins, 2013. Publicado en español como *El peso de la gloria*.

Los Simpsons, temporada 2, capítulo 4, «Dos autos en cada garaje, tres ojos en cada pez».

Martin, James. *The Jesuit Guide to (Almost) Everything* [La guía jesuita para (casi) todo]. Nueva York: Orbis, 2012.

McKnight, Scot. *Fasting* [El ayuno]. Edimburgo, Reino Unido: Thomas Nelson, 2010.

Motyer, J. Alec. *The Prophecy of Isaiah: An Introduction Commentary*. Downers Grove, IL: InterVarsity Press, 1998.

Oatman, Johnson, h. «Count Your Blessings» [Cuenta tus bendiciones]. Himno.

Peterson, Eugene. *Eat This Book*. Londres: John Murray, 2008. Publicado en español como *Cómete este libro*.

Portal, Pete. *No Neutral Ground*. Londres: Hodder & Stoughton, 2019.

Sparrow, Betsy, Jenny Liu, y Daniel M. Wehner. «Google Effects on Memory: Cognitive Consequences of Having Information at Our Fingertips» [Los efectos de Google en la memoria: Consecuencias cognitivas de tener la información al alcance de la mano], Science 333 (2011).

Strong, James. *The New Strong's Expanded Exhaustive Concordance of the Bible* [La nueva concordancia exhaustiva y ampliada de la Biblia Strong]. Edimburgo, Reino Unido: Thomas Nelson, 2010.

Valerio, Ruth. *Saying Yes to Life* [Diciéndole que sí a la vida]. Londres: SPCK, 2019.

———. *L Is for Lifestyle* [E es para Estilo de vida]. Londres: IVP, 2019.

Wallis, Arthur. *God's Chosen Fast* [El ayuno escogido por Dios]. Fort Washington, PA: CLC, 2015.

Ware, Kallistos. *The Jesus Prayer* [La oración de Jesús]. Londres: Catholic Truth Society, 2014.

White, Aaron. *Recovering: From Brokenness and Addiction to Blessedness and Community. Pastoring for Life: Theological Wisdom for Ministering Well* [Restauración: Del quebranto y la adicción a la bendición y la comunidad. Pastoreo a favor de la vida: Sabiduría teológica para un ministerio saludable]. Grand Rapids, MI: Baker Academic, 2020.

Willard, Dallas. *The Spirit of the Disciplines*. San Francisco: Harper, 1990. Publicado en español como *El espíritu de las disciplinas*.

Wordsworth, William. *The Prelude, or Growth of a Poet's Mind*. Boston: D.C. Heath, 1888. Publicado en español como *El preludio*.

Notas

PRÓLOGO

1. Henri J. M. Nouwen, *The Way of the Heart: Desert Spirituality and Contemporary Ministry* [El camino del corazón: Espiritualidad del desierto y ministerio contemporáneo] (San Fransisco: Harper San Fransisco, 1991), 30.

CAPÍTULO 1 | ENCUENTRO

1. «A Bible Commentary for English Readers» [Comentario bíblico para lectores ingleses], ed. Charles J. Ellicott, vol. 1, *Genesis–Esther* (Harrington, DE: Delmarva, 2015), Génesis 3:8.

CAPÍTULO 2 | LA DISTRACCIÓN

1. *Cambridge Dictionary*, s. v. «distraction (*n.*)» [distracción], consultado el 18 de octubre del 2022, https://dictionary.cambridge.org/us/dictionary/english/distraction.
2. R. T. France, *Matthew: An Introduction and Commentary* [Mateo: Introducción y comentario], Tyndale New Testament Commentaries (Downers Grove, IL: IVP Academic, 2015), 137.

3. «Si yo fuera médico, y si se me permitiera recetar un solo remedio para todos los males del mundo moderno, recetaría el silencio. Porque incluso si la Palabra de Dios fuera proclamada en el mundo moderno, ¿cómo podría uno escucharla con tanto ruido? Por lo tanto, crea silencio» (traducción libre). Søren Kierkegaard, *For Self-Examination / Judge for Yourself!: Kierkegaard's Writings* [Para la autoevaluación / ¡Juzga por ti mismo!: Escritos de Kierkegaard], XXI, Volume 21 (Princeton, NJ: Princeton University Press, 1991).
4. Eric Klinger, *Daydreaming: Using Waking Fantasy and Imagery for Self-Knowledge and Creativity* [Soñar despierto: Usando la fantasía y la imaginación para el autoconocimiento y la creatividad] (Los Ángeles: Jeremy P. Tarcher, 1990), xi.
5. C. S. Lewis, *The Weight of Glory and Other Addresses* (Nueva York: Harper Collins, 2001), 60. Publicado en español como *El peso de la gloria.*
6. Obispo Kallistos Ware, *The Jesus Prayer* [La oración de Jesús] (Londres: Catholic Truth Society, 2014), «The Four Strands».

CAPÍTULO 3 | LAS ESCRITURAS

1. Citado, por ejemplo, por el Papa Francisco. Ver: «Pope Quotes Gandhi to Encourage Bible Reading», *Matters India*, 28 de febrero del 2016, https://mattersindia.com/2016/02/pope-quotes-gandhi-to-encourage-bible-reading.
2. *Merriam-Webster*, s. v. «religious (*Adj.*)» [religioso], consultado el 18 de octubre del 2022, https://www.merriam-webster.com/dictionary/religious.
3. Charles H. Spurgeon, *Lectures to My Students: A Selection from Addresses Delivered to the Students of the Pastors' College, Metropolitan Tabernacle* (Nueva York: Sheldon & Company, 1875), 69. Publicado en español como *Discurso a mis estudiantes: Una selección de disertaciones ofrecidas a estudiantes del colegio de pastores.*
4. Crossway, «Infographic: You Have More Time for Bible Reading than You Think» [Infografía: Tienes más tiempo para leer tu Biblia de lo que piensas], 19 de noviembre del 2018, https://www.crossway.org/articles/infographic-you-can-read-more-of-the-bible-than-you-think/.
5. «Average Daily Time Spent on Social Media (Latest 2022 Data)» [Tiempo promedio diario que las personas pasan en las redes sociales (Últimos datos del 2022)], *BroadbandSearch.net*, consultado el 17 de octubre del 2022, https://www.broadbandsearch.net/blog/averagedaily-time-on-socialmedia.
6. Esta cita parece ser originalmente de Confucio, aunque yo la conocí primero con relación a Andy Warhol.

CAPÍTULO 4 | MEMORIZAR Y MEDITAR

1. Betsy Sparrow, Jenny Liu y Daniel M. Wegner, «Google Effects on Memory: Cognitive Consequences of Having Information at Our Fingertips» [Los efectos de Google en la memoria: Consecuencias cognitivas de tener la información al alcance de la mano], *Science* 333, n.º 6043 (2011): 776–778.
2. Gleason Archer, *Greekmaster with Gleason Archer* (Battle Ground, WA: The Gramcord Institute), CD-ROM.
3. James Strong, *The New Strong's Expanded Exhaustive Concordance of the Bible* [La nueva concordancia exhaustiva y ampliada de la Biblia Strong] (Edimburgo, Reino Unido: Thomas Nelson, 2010).
4. «Psalm 1: The Way of Life» [Salmo 1: El camino de la vida], en Nancy Declaissé-Walford, Rolf A. Jacobson y Beth Laneel Tanner, *The Book of Psalms*, New International Commentary on the Old Testament (Grand Rapids, MI: Eerdmans, 2014), 61.

CAPÍTULO 5 | USAR UN DIARIO

1. Delirious? «Obsession» [Obsesión], Cutting Edge © 1998 Sparrow Records.
2. William Wordsworth, *The Prelude or Growth of a Poet's Mind* (Boston: D.C. Heath, 1888). Publicado en español como *El preludio.*
3. Johnson Oatman (h.), «Count Your Blessings» [Cuenta tus bendiciones], 1897. Dominio público.

CAPÍTULO 6 | IMAGINACIÓN

1. N. T. Wright, «Jesus, the Cross and the Power of God» [Jesús, la Cruz y el poder de Dios] (ponencia, Conferencia de Líderes Europeos, Varsovia, Polonia, 2006).
2. Hermana Wendy Beckett, *The Story of Painting* (Londres: Dorling Kindersley, 1994), 318. Publicado en español como *Historia de la pintura.*
3. Andrew GrahamDixon, *Caravaggio: A Life Sacred and Profane* (Londres: Penguin, 2011), 31. Publicado en español como *Caravaggio: Una vida sagrada y profana.*
4. John Goldingay, *An Ignatian Approach to Reading the Old Testament* [Enfoque ignaciano para leer el Antiguo Testamento] (Cambridge, Reino Unido: Grove Books, 2002).
5. Douglas J. Leonhardt, *Finding God in All Things* [Encontrando a Dios en todas las cosas] (Milwaukee: Marquette University Press, 2009), como se cita en: https://www.ignatianspirituality.com/ignatian-prayer

/the-what-how-why-of-prayer/praying-with-scripture/ (consultado el 15 de septiembre del 2021).

6. Helmut Gabel, «Ignatian Contemplation and Modern Biblical Studies» [Contemplación ignaciana y estudios bíblicos modernos], *The Way* 44, n.º 2 (2005): 37–49.

CAPÍTULO 7 | MARAVILLARSE

1. Mary Oliver, «Upstream» en *Upstream: Selected Essays* (Nueva York: Penguin Books, 2019), 8.
2. Derek Kidner, *Genesis* [Génesis], Tyndale Old Testament Commentaries, vol. 1 (Downers Grove, IL: IVP Academic, 2008), Génesis 28:10-22.
3. Fiódor Dostoyevski, *The Brothers Karamazov*, ed. bicentenaria, trad. Richard Pevear y Larissa Volokhonsky (Nueva York: Picador, 2021), 384. Publicado en español como *Los hermanos Karamazov*.
4. Keith Fournier, «The End of the Year: A Christian Reflection on Time» [Fin de año: Una reflexión cristiana sobre el tiempo], *Catholic Online*, consultado el 2 de enero del 2015, https://www.catholic.org/news/hf/faith/story.php?id=53724.
5. Graham Kendrick, *Worship* [La adoración] (Londres: Kingsway Publications, 1984).
6. Francis Chan con Danae Yankoski, *Crazy Love: Overwhelmed by a Relentless God* (Colorado Springs, CO: David C Cook, 2013), 33. Publicado en español como *Loco amor: Asombrado por un Dios incesante*.
7. G. K. Chesterton, *Orthodoxy* (Nueva York: John Lane Co., 1908), 108–109. Publicado en español como *Ortodoxia*.

CAPÍTULO 8 | PERSEVERANCIA

1. J. Alec Motyer, *The Message of Exodus: The Days of Our Pilgrimage* [El mensaje del Éxodo: Los días de nuestra peregrinación], ed. rev., The Bible Speaks Today (Downers Grove, IL: IVP Academic, 2021), 172.
2. Albert Barnes, *Notes, Critical, Explanatory, and Practical, on the Book of the Prophet Isaiah, vol. II* [Notas, críticas explicativas y prácticas sobre el libro del profeta Isaías, Vol. II], 2.ª ed. (Nueva York: Leavitt, Trow and Co., 1847), 394.

CAPÍTULO 9 | SENCILLEZ

1. Richard J. Foster, *Celebration of Discipline: The Path to Spiritual Growth*, ed. especial de aniversario (Nueva York: Harper San Francisco, 1998), 79. Publicado en español como *Celebración de la disciplina: Hacia una vida espiritual más profunda*.

2. Dallas Willard, *The Spirit of the Disciplines: Understanding How God Changes Lives* (Nueva York: Harper Collins, 1991), 166. Publicado en español como *El espíritu de las disciplinas: ¿Cómo transforma Dios la vida?*
3. John Wesley, *Sermons on Several Occasions, vol. I* (Londres: Wesleyan Conference Office, 1864), 336. Publicado en español como *Sermones de Juan Wesley: Tomo I.*
4. Así lo cita Dallas Willard en *The Spirit of the Disciplines*, 167. Publicado en español como *El espíritu de las disciplinas.*

CAPÍTULO 10 | VIDA OCULTA

1. William Barclay, *The Gospel of John*, vol. 1, The New Daily Study Bible (Louisville, KY: Westminster John Knox Press, 2017), 270. Publicado en español como *Comentario al Nuevo Testamento Vol. 5: Juan I.*

CAPÍTULO 11 | GENEROSIDAD

1. Timothy Keller, *Generous Justice: How God's Grace Makes Us Just* (Nueva York: Riverhead Books, 2012), 91. Publicado en español como *Justicia generosa: Cómo la gracia de Dios nos hace justos.*
2. Dictionary.com, s. v. «steward (*n.*)» [mayordomo], consultado el 20 de octubre del 2022, https://www.dictionary.com/browse/steward.
3. «Dos autos en cada garaje, tres ojos en cada pez», Los Simpsons, temporada 2, capítulo 4.

CAPÍTULO 12 | MISIÓN Y JUSTICIA

1. Bob Pierce, citado en Rich Stearns, «Blessed by a Broken Heart» [Bendecido con un corazón roto], *Voices* (blog), World Vision, 28 de agosto del 2017, https://www.worldvision.org/hunger-news-stories/blessed-broken-heart.
2. David J. Bosch, *Transforming Mission: Paradigm Shifts in Theology of Mission*, 8.ª ed. (Maryknoll, NY: Orbis Books, 1995), 400. Publicado en español como *Misión en transformación: Cambios de paradigma en la teología de la misión.*
3. Vincent J. Donovan, *Christianity Rediscovered* [El cristianismo redescubierto], 4.ª ed. (Londres: SCM Press, 2009), 141.
4. David J. Bosch, *Transforming Mission*, 75. Publicado en español como *Misión en transformación.*
5. Bob Goff, *Love Does: Discover a Secretly Incredible Life in an Ordinary World* (Nashville, TN: Thomas Nelson, 2012), 196. Publicado en español como *El amor hace: Descubre una vida secretamente increíble en un mundo ordinario.*

CAPÍTULO 13 | PROFUNDIDAD

1. Charles H. Spurgeon, *Lectures to My Students: A Selection from Addresses Delivered to the Students of the Pastors' College, Metropolitan Tabernacle* (Nueva York: Sheldon & Company, 1875), 68. Publicado en español como *Discurso a mis estudiantes. Una selección de disertaciones ofrecidas a estudiantes del colegio de pastores.*
2. «Psalm 23: You Are with Me» [Salmo 23: Tú estás conmigo], en Nancy L. deClaissé-Walford, Rolf A. Jacobson y Beth LaNeel Tanner, *The Book of Psalms*, The New International Commentary on the Old Testament (Grand Rapids, MI: Eerdmans, 2014), 241.

CAPÍTULO 14 | TEMPORADAS

1. C. S. Lewis, *The Screwtape Letters* (Nueva York: Harper One, 2001), 76. Publicado en español como *Cartas del diablo a su sobrino.*